交通舆情及政务微博
典型案例分析汇编

中国交通报社 编

JIAOTONG YUQING JI ZHENGWU WEIBO
DIANXING ANLI FENXI HUIBIAN

人民交通出版社股份有限公司
China Communications Press Co.,Ltd.

内容提要

为客观分析评价交通政务微博运营水平，客观点评交通运输行业职能部门等引导舆情的得与失，中国交通报社与人民网舆情监测室自 2013 年 7 月开始，在《中国交通报》上联合推出《交通政务微博观察》《交通运输舆情热点扫描》栏目。本书精选了这两个栏目的二十余篇文章，以期给各地交通运输部门提供有益借鉴和参考。

本书可供交通运输部门官方微博运营人员、新闻发言人、新闻宣传人员参考。

图书在版编目(CIP)数据

交通舆情及政务微博典型案例分析汇编 / 中国交通报社编. —北京：人民交通出版社股份有限公司，2015.8

ISBN 978-7-114-12462-4

Ⅰ. ①交… Ⅱ. ①中… Ⅲ. ①交通运输管理—互联网络—舆论—案例—中国 Ⅳ. ①F512.1②G219.2

中国版本图书馆CIP数据核字(2015)第199801号

书　　名： 交通舆情及政务微博典型案例分析汇编
著 作 者： 中国交通报社
策划编辑： 中国交通报社通联部/培训中心
责任编辑： 刘永超　尤晓暐
出版发行： 人民交通出版社股份有限公司
地　　址： （100011）北京市朝阳区安定门外外馆斜街3号
网　　址： http：//www.ccpress.com.cn
销售电话： （010）59757973
总 经 销： 人民交通出版社股份有限公司发行部
经　　销： 各地新华书店
印　　刷： 北京市密东印刷有限公司
开　　本： 720×960　1/16
印　　张： 10.75
字　　数： 92千
版　　次： 2015年6月 第1版
印　　次： 2015年6月 第1次印刷
书　　号： ISBN978-7-114-12462-4
定　　价： 35.00元

PREFACE 前言

交通运输是与经济生产和群众生活关系极为密切的基础性、先导性、服务性行业，是保障和改善民生的重点领域，社会关注度较高。

随着经济社会的快速发展，互联网技术的日益普及 ，民主法治建设进程的不断加快，以网络、微博、微信等新兴媒体为引领的大众传媒获得了前所未有的发展，公众关心国家大事、参政议政、针砭时弊的热情空前高涨，对涉及百姓民生的政策、事件进行批评监督的舆论也非常活跃。

可以说，交通运输行业面对的舆论环境，从来没有像今天这样复杂、这样多变、这样难以应对。做好交通运输新闻宣传工作，需要认真研判形势，提高认识，加强应对。

在此背景下，中国交通报社与人民网舆情监测室联合推出《交通政务微博观察》《交通运输舆情热点扫描》栏目，选取、分析各地交通运输舆情及政务微博运营过程中出现的引起社会广泛关注的热点、焦点案例，理性分析评价交通政务微博运营态势，客观点评行业职能部门和企事业单位引导舆情的得与失，希望以此给行业相关人员提供有益借鉴和参考。

现精选这两个栏目的文章汇编成册，以供借鉴。

编者

2015年6月

CONTENTS # 目录

交通微博：
便民服务是特色　运营状况参差不齐

关注@中国铁路，你能够得知最新的列车运行图、列车时刻表；关注@交通北京，你能够及时获知北京城区的路况地图；关注@上海地铁shmetro，你能够得知上海地铁运营信息、当日地铁客流总量……交通微博正不断出现在网民视野，走进民众生活。在机构微博运营如火如荼的大背景下，许多交通运输系统机构微博在专业领域内发挥着便民服务的重要作用。

据《2013年第一季度新浪政务微博报告》数据显示，我国政务机构微博总数在新浪平台已达41337个，而各级交通运输系统机构开通官方微博的数量已超过一千个，约占政府机构微博总量的2.6%。

机构微博自诞生以来，就成为社会各界关注的焦点。一些运营出色、注重创新、乐于互动的机构微博能够收获诸多网民的称赞，而一些更新缓慢、反应迟钝、互动滞后的微博则屡屡被网民不齿。

交通微博不乏佼佼者。

早在2011年9月27日的“上海地铁追尾事故”中，作为上海地铁官方微博的@上海地铁shmetro即通过新媒体及时通报事故情况，直播救援动态，回答网民质疑，并用“今天是上海地铁有史以来最黯淡的一天”向公众诚恳致歉，使其成为政府部门利用微博进行舆情应对的经典案例。

部分交通微博也出现过言语失范、过分卖萌的现象。

例如，@交通北京就曾在解释“北京汽油标号调整”时说：“药药！切克闹！新的油号你尝鲜！加油可别露了馅！艾瑞巴蒂！黑喂够！跟我一起讲一套……”其胡乱改编流行歌词的做法被网友直斥：“这个微博疯了。”

交通微博运营状况参差不齐，折射的是一个政府部门服务意识的强弱，新媒体素养的高低。

交通委、铁路局、民航系统等相关部门开通微博，无疑为自身增加了听取民意、服务公众、提升形象与公信力的渠道，但如何形成有章可循的运营机制，承受住网民的批评与质疑，这些都是交通微博需要思考的问题。

点评

人民网舆情监测室通过观察1000余个交通微博，总结出交通微博运营的几大特征：

第一，微博内容主打便民服务，以出行信息为主，以交通常识为辅。通过观察交通微博可发现，铁路系统微博以发布列车时刻表为主，交通委微博则以直播路况信息为主，便民服务成为交通微博的主打。例如，@交通北京所发微博中，“路况播报”、“出行提示”、“交通天气”这三个栏目的微博条数约占总量的70%。在直播路况的同时，@交通北京还积极普及交通常识。又如，@深圳市交通运输委员会所发微博中，“道路交通指数播报”“交通出行”也占较大比重，此外，它还通过“留言反馈”栏目积极与网友互动，解答网友提问。

第二，通过微博互动提升关注度、影响力。微博作为社交媒体的一种，带有很强的互动性、平等性。政府机构进入微博领域，就是要放下身段，不能再充当“教师爷”进行生硬说教，而是要与网民平等交流。

6月，交通微博关注度排行第一的@沈阳铁路就十分重视回复网友评论，它所发的每条微博平均能收获超300次的转评量。@沈阳铁路策划了“沈铁·镜头微聚焦”栏目，通过图文微博讲述普通铁路职工的故事，这一类型的微博既得到本系统内职工的转发，也吸引不少草根网友转发与称赞。面对各类网友评论，@沈阳铁路的微博运营人员都不忘回复一句“谢谢关注”。回复网友留言看似只是“举手之劳”，但每一次互动说不定就能为自己多赢得一位“忠实粉丝”。

反观那些活跃度低、互动率几近为零的微博，其影响力及受关注度同样很低。交通运输系统跟风开博的现象不在少数，部分交通微博开通后不发声、不更新，成为名副其实的“哑巴微博”，有的交通微博则只保持“三分钟热度”，待热度消退之后，便成为网友口中的“僵尸微博”。@柳州市交通局就是这样一个沉睡长达半年之久的微博，其自2012年5月12日开通以来，仅发布过9条微博，而它上一次更新微博还要追溯到2012年12月10日。如此懒散地运营微博，恐怕粉丝只能“果断取消关注”了。

第三，通过非政务性内容提升微博亲和力。如果说交通微博发布的出行信息、行政事务、政策新闻属于“政务性内容”，那么它们所发布的只涉及生活娱乐等与政务无关的话题即为“非政务性内容”。机构微博在进行政府信息公开、日常新闻发布时，总会受到一些网友的批评，诸如“说官话”、“作秀”、“死板”等，对此，机构微博若能精心编辑出非政务性的趣味帖文，那将有效提升其亲和力。

上海铁路局官方微博@上铁资讯除了发布列车“正晚点信息”这类政务性内容之外，还开设了“上铁分享”、“上铁心语”等趣味栏目，通过设置一系列互动话题吸引网民讨论，如“几月去西藏最合适”的话题就引来不少网友各抒己见。交通微博通过开设非政务性、个性化栏目，能避免微博运营陷入死板僵化，为自身带来更多生机，使微博内容更加多元。

目前而言，交通微博在机构微博中所占比重较少，远不及公安、旅游、医疗卫生等领域的微博。交通微博的运营也出现参差不齐的现象：大部分省市一级交通微博已经形成良好的运营规范，开设了多样化的栏目，具备了较强的粉丝基础，但区县一级的交通微博发展则相对滞后，发博积极性不高。因此，如何将优秀交通微博的运营经验传递到各级交通运输部门，如何在交通微博之间形成区域联动，交通微博运营团队之间如何声气相求、守望相助，这些都是我们需要不断提出、观察和解决的问题。

◆作者：人民网舆情监测室　◆执笔：颜敬礼　谭丝姮

（原载于《中国交通报》2013年7月5日　3版）

航班延误多发
机场微博如何解疑释惑

7月，航班延误，乘客发飙，流量控制……这样的新闻在内地机场频频上演，机场及机场微博显得格外忙碌。

做好解释工作最简单、最重要，但也极易被忽视。

据中国民用航空局发布的《2012年全国民航行业发展统计公报》显示，2012年全国航班正常率为74.83%，为近5年来最低。另据总部设在美国的知名空中旅行数据提供商Flightstats的最新报告显示，6月从北京首都国际机场起飞的22019个航班中，仅有18.3%准时起飞，就航班准时起飞和抵达而言，中国内地表现最差。航班延误中，流量控制导致的约占25%，天气原因导致的约占21.6%。

7月极端天气多，因天气原因造成的航班延误时有发生。

仅7月9日一天，首都机场就因雷雨天气取消航班233架次，延误1126个航班，延误率达77%。因航班延误引发的冲突也不断见诸报端，上海、南昌、昆明等地近来出现民航工作人员因为航班延误被旅客殴打的事件。

面对航班延误，公众普遍希望机场能做好突发情况的解释工作、旅客情绪的疏导工作、旅客的安顿工作和理赔工作等，其中，做好解释工作最简单、最重要，但也极易被忽视。

云南昆明长水机场：信息发布不到位致混乱。

2013年1月3日，刚投入使用半年多的云南昆明长水机场出现大雾天气，导致440个航班被取消，约7500名旅客滞留。在这次大面积延误事件中，长水机场信息发布和服务不到位，导致现场一度混乱不堪。据云南《都市时报》报道称，“没有广播为旅客播放相关航班信息。信息牌也处于半瘫痪状态……面对旅客的质疑，机场工作人员也无法说清原因。”而长水机场也没有开设官方微博和公众微信，无法利用新媒体进行情况通报、情绪引导等工作。

首都机场：图文微博发布航班动态信息。

与长水机场不同，首都机场在解释航班延误时，多渠道发布航班动态信息，并充分发挥了微博的优势。据人民网舆情监测室观察，仅在7月，@首都机场官方微博累计发布32条涉及“航班延误解释工作”的微博。这些微博主要可分成三大类：

第一，温馨提示类微博。@首都机场官方微博以@中央气象台、@中国天气网等气象类微博为权威信源，及时转发暴雨预警，告知公众“部分航班可能延误或取消”，并希望得到大家的理解和配合。受雷雨天气影响，航站楼内退改签柜台排队旅客较多，@首都机场官方微博经常为此发布“退改签提醒”，告知广大旅客：“除了拨打各航空公司热线外，可到各航空公司值班经理柜台开具延误证明。”

第二，科普常识类微博。@首都机场官方微博根据中国民航出版社编写的《航班为什么会延误》一书，开设“民航科普读物”的微博栏目，让网民了解到，天气、空中交通管制、机场保障等诸多原因都会引起航班延误。7月16日，@首都机场官方微博注意到多股台风连续席卷中国，于是转发了《台风对航班的影响》一文，告知网民“台风对飞机的影响到底有多少、飞行员如何应对台风”等常识。

第三，航班动态类信息。遭遇极端天气时，旅客对自己乘坐的航班是否取消或延误都比较关心，对此，@首都机场官方微博会以图文微博的方式，播报航班取消或延误的动态，提醒乘客关注天气变化，并及时与所乘坐的航空公司联系，核实航班信息。

总体而言，@首都机场官方微博通过温馨提示、科普常识，引导网民理性、平和地看待航班延误，利用图文微博播报航班延误动态，充分保障公众的知情权，体现出了机场微博的人性化，为机场微博运营树立了一个典范。

面对突发事件：@首都机场官方微博及时回应关切。

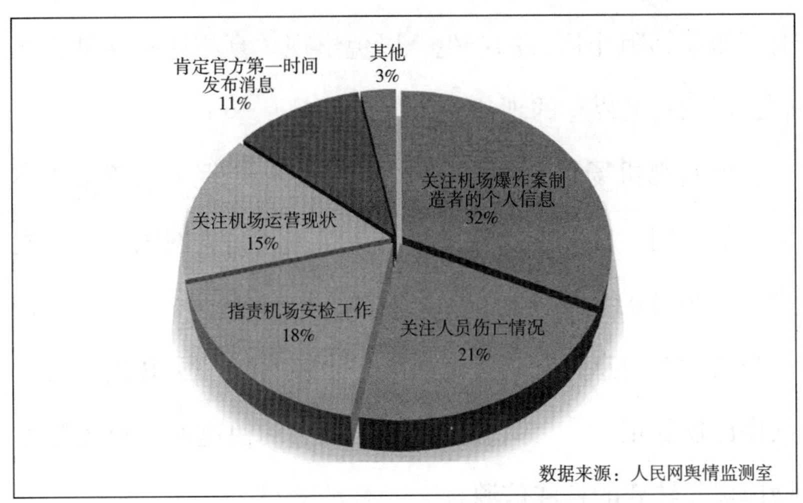

“首都机场爆炸案”网民言论倾向图
（@首都机场官方微博评论抽样：900条）

7月20日18点25分，山东菏泽鄄城县男子冀中星，在北京首都机场T3航站楼2层国际到达出口外10米，引爆制作鞭炮的黑火药。该起爆炸案迅速成为微博热点，网民最为关注嫌犯的个人信息，追问嫌犯的作案动机。爆炸给公众带来一定恐慌，不少网民指责首都机场的安检工作不到位。

面对迅速发酵的舆情，@首都机场官方微博在19时38分立即做出回应，“一名残疾人（中国籍）在首都机场3号航站楼到达大厅B出口外，引爆自制爆炸装置，造成本人受伤，目前正在救治，未造成周围人员伤亡。首都机场运行秩序正常。目前，公安机关正在进行调查。”

信息发布的及时与否决定了事件不同的走向，通报越及时，越能够阻止谣言的产生，以免出现“真相还在穿鞋，谣言已经跑遍世界”的现象。

@首都机场官方微博在爆炸案中充分把握了“黄金4小时”的原则，在爆炸发生一小时后即迅速回应网民关切，成为突发事件的“第一定义人”。20时12分，@首都机场官方微博发布信息称，“首都机场3号航站楼二层B出口运行秩序已恢复正常。”其在机场爆炸案中的快速回应成为媒体微博优先转载的权威信源。

首都机场第一时间发布消息，而非“捂盖子”的做法值得肯定，但情况通报速度仍落后于@央视新闻、@人民日报等中央级媒体微博，速度还有待提高。在事实不明时，机场微博可先简略发布事实，再一步步补充详情，这也是微博报道突发事件时的常用操作手法。

值得注意的是，@首都机场官方微博在做解疑释惑工作、回应公众关切时，通常“不是一个人在战斗”，而是充分依靠首都机场微博“矩阵”的力量。在这个“矩阵”中，形成了@首都机场官方微博为“中心”，@首都机场服务热线、@首都机场失物招领微博、@首都机场运行控制中心等多个微博为“基本点”的传播模式，微博“矩阵”能够形成合力，加强突发事件的舆情回应能力。这样给交通运输系统微博提供了一种运营范本：加强系统内微博的联动，形成系统内微博“矩阵”，是扩大影响力的有效途径。

◆作者：人民网舆情监测室　◆执笔：颜敬礼　谭丝妲

（原载于《中国交通报》2013年8月9日　3版）

京广铁路临时停运　彰显微博力量

8月16日晚，因台风“尤特”带来的持续强降雨，造成京广铁路广东段间歇性中断。17日19时58分，张滩至土岭区间发生边坡滑塌、山体垮塌和泥石流，导致京广铁路上下行全部中断，广州、广州东等火车站北上经过京广铁路的列车不得不停运，数万旅客出行受阻，仅广州站滞留旅客就达8万余人。

此次停运给不少乘客带来恐慌情绪，许多未能及时了解到灾情的网民通过微博反映列车停运情况。例如，网友“@黑缪”17日13时发布一则微博说，“3000乘客集体抗议广铁K9202次列车对乘客知情权的漠视。京广铁路韶关段隧道塌方，导致本次列车从深圳始发到现在还未到韶关，已经过去20个小时，车上无空调，有风扇但不开，空气浑浊地面潮湿，老人小孩上吐下泻，无人管，8号车厢乘客愤怒砸玻璃，无热水无食物。”

而早在16日15时，@广州铁路就留意到相关舆情，发布了第一条涉及京广铁路列车晚点的信息，“受广东、海南暴雨影响，14时50分起，湛海线湛江西—雷州—龙门镇站间线路封锁，15时10分起，京广线罗家渡—土岭间上下行线路封锁，影响列车通行。晚点车次稍晚发布。”

8月18日16时36分，K209次列车顺利通过京广铁路广东段张滩至土岭区间。这标志着被暴雨泥石流冲垮的京广铁路广东段经过铁路部门连续20小时的紧急抢险，已经抢通恢复运行。23日起京广铁路将全面恢复通行。

自8月16日15时至8月23日8时，@广州铁路累计发布涉及京广铁路列车信息153条，这些信息包括列车停运通告、退票程序告知、温馨提示等。

与抢险同样重要的应急反应能力

@广州铁路应对京广铁路停运事件中起到了三点重要作用：消缓乘客焦虑、停运情况通报、有序疏导乘客。

16日、17日两天，京广铁路韶关段隧道塌方造成的大面积停运给乘客带来了极大焦虑。隧道塌方甚至击中了K624

次列车，泥土、碎石击破车窗玻璃涌进卧铺车厢，2名成年男子瞬间被埋没。许多被滞留在车内的网友纷纷发微博求助，有的网友则抱怨列车停运时间长，有的网友抱怨退票改签不顺……不满、愤懑的情绪在微博平台扩散。

8月18日凌晨1点，@广州铁路发布致广大旅客的一封信，告知大家“铁路部门被迫停运广州火车站所有列车”，同时希望大家“不要盲目前往广州火车站及周边地区，以免造成拥挤和混乱”。@广州铁路说，“天灾无情人有情，希望大家理解支持，共度难关！”

在大面积停运期间，@广州铁路需要面临纷至沓来的网友质疑，网友提问远远超出了@广州铁路的回复能力。但好在媒体微博有效地协助了@广州铁路进行信息扩散。作为国家级媒体的@央视新闻发布《广州火车站全部列车停运 请大家换乘其他交通工具》，@人民日报发布了《暴雨致广州火车站全部列车停运 京广高铁车票已全部售完》等信息；而广东省内许多媒体微博，也积极发布即时消息，缓解因网友“不知情”所带来的焦虑。

@广州铁路及时公开信息，对缓解旅客焦虑起到积极作用，许多网友也对铁路工作人员表示理解。网友“@15JIMMY肖”发布一条微博说：“辛苦各位工作人员了，我在乐昌一张滩站，调度员声音都哑了。”@广州铁路与该网友进行了一轮互动，回复说，“‘尤特’台风造成广东、海南多地大暴雨，管内部分列车晚点，旅客们更焦虑、着急。天灾面前，保持对大自然的敬畏心，把确保列车安全摆在第一位，我们认为这才是一种负责任的态度。”

京广铁路停运后，广州站滞留了大量旅客，许多乘客发帖抱怨退票不顺，对此，@广州铁路进行了有序引导：一是告知乘客“网上全额退票”方式；二是告知乘客加开的退票窗口。8月18日凌晨4点，@广州铁路发布温馨提示：“退票有效期由原来的2天改为5天有效。广东省内各站均可退广州站开出列车的车票。”自此，许多乘客的不满开始得到疏解。

应对突发事件的铁路微博集团军

在此次列车停运中，我们既看到了铁路系统抢险救灾的有序，也看到了部分铁路微博快速的应急反应。灾害发生后，铁路总公司和广州、武汉、郑州、北京等相关铁路局，迅速通过媒体播报、车站公告、站车广播和官方微博等多种形式，及时发布列车晚点、停运、退票等信息，避免了旅客的盲目流动，基本做到了有序引导。

京广铁路停运的这几天内，铁路系统微博形成了一支集团军，当铁路部门全力组织抢修的同时，许多铁路微博也在线上进行信息扩散和舆论引导。

@广州铁路发布了列车晚点信息后，时常会“@”给@中国铁路、@武汉铁路局、@北京铁路等微博，寻求系统内微博的扩散支持。

点评

@广州铁路应对京广铁路停运事件给交通系统微博运营带来一定启示：

第一，面对突发事件，政务微博应迅速启动应急反应，第一时间播报事实，保障公众的知情权，消解网民的焦虑情绪，避免谣言、不满情绪的蔓延。

第二，发动铁路系统员工利用个人微博进行互动释疑。微博运营，单靠个人的力量难免力不从心，但如果@广州铁路能够动员铁路系统员工协助进行信息扩散，那势必能事半功倍。这也提示各个已开通交通运输系统微博的部门，在日常工作中，应培养系统内员工对部门工作的认同，加强新媒体素养，在突发事件应对中，起到积极的辅助作用。

第三，积极寻求系统内官方微博的支持和帮助。@广州铁路联合京广线上多个省市的铁路微博，共同应对一个突发事件，能够将各种信息作为一个“整体”进行通盘考量，从而避免了各个部门在信息发布上各自为政，能够起到“1+1＞2”的效果。

◆作者：人民网舆情监测室 ◆执笔：颜敬礼 谭丝妲

（原载于《中国交通报》2013年9月13日 3版）

首都全力疏堵 @交通北京很忙

北京的9月异常拥堵，“首都”和“首堵”成为网民热议的话题，连北京市交通委员会官方微博@交通北京也发博称“9月全年最堵”：“学校开学、中秋国庆‘双节’紧邻、商场打折促销频繁、探亲访友聚会旅游出行增加、重大节假日高速公路免收小客车通行费，各种因素叠加，造成历年9月，都是京城最堵的时期。”

在全年“最堵月”，@交通北京需要应对一大波热点舆情。

@交通北京及时释疑拥堵费问题

9月2日，《北京市2013~2017年清洁空气行动计划重点任务分解》正式公布，其中提到，北京市交通委和环保局将牵头研究制定征收交通拥堵费政策。“北京将征收交通拥堵费”随即成为网民热议的话题。

9月8日，微博平台开始广泛流传“交通拥堵费可能将全国施行”、“拥堵费细则即将出台”等消息。面对汹涌的舆情，北京市环保局率先出来辟谣，表示“‘全国将开征交通拥堵费’消息不属实，将公布的是针对全国的‘大气污染防治计划’，而非征拥堵费。”

@交通北京也于9月9日发博表态：“最近看到关于排污拥堵费的讨论很是热烈，小编觉得，为了能自由地呼吸新鲜空气，得想管用的办法不是？排污拥堵费政策是否出台？如何制定？听取社会各方面的意见也是必须的！北京好空气需要政府、社会、每位市民朋友共同的努力，你我他都有责任。”

通过观察网民对交通拥堵费的讨论，有的网民抱怨“买车交税、用车交费”，有的网民质疑“收了拥堵费如何能使空气清新、道路畅通”，还有的网民则指出北京环境污染、交通拥堵原因驳杂，“不是单靠拥堵费就能解决的”。

对征收交通拥堵费话题，@交通北京及作为北京市政府新闻办官方微博的@北京发布均表态要“听取社会各方面的意见”，这点收获了不少网民的称赞。

还有不少网民则关心交通拥堵费“怎么收、用在哪”等问题，@人民网就此还发布一则微评论：在治堵与治污的双重诉求下，拥堵费难免被提上议程。它屡受关切，被寄予了厚重期许：拥堵费可收，只要具备程序正义，若收得不明不白，恐怕难治“路堵”，反添“心堵”。

@交通北京善用数据预报交通趋势

据北京日报《十大交管措施应对最堵9月》报道，北京市交管部门对近三年来9月份交通运行的规律特点进行了对比分析，数据表明“9月份日均拥堵报警比全年均值高出46.1%，平均车速较全年均值下降2.3%”。@交通北京对此报道进行了摘编，发布了“全年最堵月”等微博。

而在中秋节前，@交通北京即发博告知公众，“9月16日~18日道路交通运行情况将出现高峰交通拥堵强度大、拥堵持续时间延长的节前特征”。同时，@交通北京还发布了一系列北京市“应对拥堵”的微博，“全市地面公交计划配车1.9万余部；轨道交通将缩小运营间隔，适时加开临客，缓解地面交通压力，保障市民出行。”

“中秋节前堵”的现象早已深入人心。9月15日，@人民日报的一则微评论《有多少送礼者为北京添堵》引发网民热议，评论称“传统节日往往是奢靡享乐的狂欢期，也是送礼收礼的井喷期。中央多次对‘两节’送礼发出禁令，须防送礼者为北京添堵，莫让中秋节沦为腐败节。”

网民对北京道路交通现状的不满，@交通北京只能通过做好本职工作来回应网民的不满和指责，为公众提供及时、准确的交通趋势预报。@交通北京善于利用数据预测道路拥堵情况，这主要体现在三个方面：第一，善于利用常规交通指数、路网图预测就近时段的路况；第二，善于利用历年交通运行数据预测整月路况；第三，善于运用气象数据等进行道路拥堵预测。

点评

@交通北京配合首都治堵的宣传亮点

北京市交通委通过官方微博@交通北京开设“微关注”、“出行提示”、“路况播报”等专栏，既回应网民关切，又引导社会各界和广大市民践行绿色健康出行理念。

首都全力疏堵，@交通北京在配合报道方面可圈可点，其中有两大亮点可为交通系统微博运营提供参考借鉴：

一是主动回应热点舆情，及时做好政策宣传与解释。“北京将征收交通拥堵费”、“优化公交线路”、“建设统一出租车预约信息平台”、“示范运行‘潮汐车道’”、“停车管理专项整治行动”……首都治堵措施频出，治堵舆情也让@交通北京应接不暇，但其并没有回避网民关注焦点，而是以积极、主动的姿态做好相关政策的宣传与解释。例如，在北京首条“潮汐车道”示范运营中，@交通北京发布了“‘潮汐车道’应该怎么走”、“详解潮汐车道”等话题，既为网民解疑释惑，同时又普及了交通常识。

二是积极倡导绿色出行的理念，认真做好“最堵月”的路况播报。9月22日是“世界无车日”，@交通北京围绕“无车日”发布了24条微博，宣传绿色出行理念，倡导健康环保的出行方式，其中不乏清新、亲和的微博语言：“世界无车日，小伙伴们行动起来”、“关注就是支持，传播就是参与”、“如果每个交通参与者都能响应号召，绿色出行，相信道路一定会是畅通的”。此外，@交通北京在9月发布了200多条“路况播报”，及时告知公众严重拥堵的路段，提醒大家注意出行安全。

◆作者：人民网舆情监测室　◆执笔：颜敬礼　谭丝妲

（原载于《中国交通报》2013年10月11日　3版）

交通微博如何在互动服务上下功夫

交通系统微博在一定程度上掌握行政资源，不仅是信息发布平台、舆论沟通平台，更是民生服务平台，是电子化服务在社交媒体上的延伸。因此，交通微博必须承担起了解民生、关注民意、解决民愿的责任。在 2013 年的国庆长假期间，不少交通微博提前策划，长假值守，为公众出行提供了许多实用的信息。

盘点国庆长假坚守岗位的交通微博

据国家统计局和国家旅游局 10 月 10 日公布的数据显示，10 月 1 日 ~7 日，全国共接待游客 4.28 亿人次，比 2012 年中秋节国庆节假期增长 0.7%，实现旅游收入 2233 亿元，游客人均花费 521 元。旅游市场呈现热点景区普遍爆满、市场秩序有所好转、自驾出游大幅增加、散客旅游成为主体等显著特点。

国庆长假高速公路通行免费，各地出游人数众多，不少交通系统微博在长假坚守岗位，疏导交通，发布倡议，体现出极大的责任与担当。

国庆长假首日，多条高速公路上烟头、纸巾、水瓶等“垃圾遍路”，触目惊心。对此，江西省交通运输厅应急指挥中心官方微博@赣交通厅应急指挥中心通过微博倡议广大驾驶员、乘客拒绝乱扔垃圾，文明出行：“高速扔垃圾相当于‘谋杀’，扔掉的不仅是文明，更可能扔出车祸！国庆长假，文明出行。我转发，我参与！让中国更美丽！”该条倡议收获网民转评5000多次，多数网民响应“出游带着垃圾袋”的支持。

国庆期间，昌福、福厦线动车上出现了数起烟民吸烟发生烟雾报警导致列车减速的事件。对此，@南昌铁路发布多条微博劝导乘客勿在动车上吸烟，“动车组运行速度快、密封严实，为了保障旅客运输安全，各种设备都非常灵敏，车上一旦有人吸烟，烟火报警系统就会报警，列车就会减速运行甚至停车。”

受强台风“菲特”影响，上海铁路局10月5日起暂停发售10月7日上海虹桥站开往宁波东的沿海铁路列车车票，且往返列车都将受影响。对此，@铁路上海站通过自身微博做了大量解释工作，引导乘客有序退票。

国庆前夕，整合了昆明市各党政部门96个官方微博的@中国昆明发布厅正式上线。这个颇具规模的微博矩阵的功能、作用令网民十分期待。经过一个多月的运营，@昆明铁路成为网友满意度最高的微博之一，它发起了“重点方向当日余票信息”、“图说昆铁”等微话题讨论，每天发布铁路信息，同时也与乘客开展互动。它也经常收到网友发来的“感谢信”，如10月5日，它就转发了网友“@林云萝”的感谢微博：“衷心感谢10月5日发车的K182列车长！在他的帮助下，找到了母亲不慎遗失的火车票。对于父母辈来说，一张火车票意味着太多，已不单单是钱的问题。”

点评

为保证十一黄金周期间广大群众安全、便捷的出行需求，多地交通微博做足了功课，下足了功夫，解决了不少网民的合理诉求。交通运输系统微博长假仍然坚持更新微博，体现了部门机构服务理念的提升，更体现了自身的责任和担当。哪里适合休闲度假？哪里适合吃喝玩乐？哪条路不拥堵？交通微博多替网民设身处地着想，多些自主策划，多些便民服务，当网民能够感受到温情的时候，会以更友善的方式回报，如此交通运输系统部门的形象、美誉才能得以提升。

地铁微博应对突发故障需有“人情味”

10月，北京地铁10号线触动了公众的敏感神经。据新华网10月26日报道，10月份以来北京地铁10号线发生5次故障，其中4次发生在早高峰时段。而2013年以来10号线出现8次信号故障，5次车辆故障及其他故障，共占北京地铁故障总数三成。

网友对于北京地铁10号线故障频发的运行状况表示了太多的无奈与不解，纷纷在网上进行各种吐槽。还有不少网友担心乘车安全，并通过微博提问@北京地铁寻求解答。而@北京地铁也设有微博栏目“突发运营信息”，专门通报地铁故障情况。据人民网舆情监测室抽样观察，@北京地铁就地铁故障信息发布能够做到及时发布，但发布内容程式化，缺乏微博语境下的“人情味”。

在北京地铁10号线发生故障后，许多网友希望得到换乘提示、“备胎”攻略，但@北京地铁并未提供这样的服务信息。此外，频发的地铁故障对乘客安全构成怎样的影响？又有多少故障会危及乘客安全？这些网友最为关心的问题，@北京地铁鲜有提及。

点评

在一线城市地铁微博中，面对突发故障，北京、广州、深圳三地地铁微博运营均存在功能不全、互动不足等问题。而@上海地铁shmetro就比较善于打“组合拳”，这套“组合拳”包括基本的信息公开，告知网民突发运营信息，故障排除后及时通报运营恢复信息；听取乘客反馈，了解哪条地铁线路运行不畅，对运行不畅的原因作进一步解释；发布温馨提醒，给乘客制定其他出行路线和攻略。

实际上，@上海地铁shmetro不仅在面对突发事件时会使用“组合拳”，在日常的运营过程中，它的“组合拳”也打得有声有色。

10月16日上午9点半，我国首条跨省地铁开通，从江苏昆山乘地铁到上海成为现实。对此，@上海地铁shmetro发布了多条“新线快报”微博，为网友介绍这条投入运营的11号线。做完基本信息介绍后，@上海地铁shmetro还发布了“配套公交”信息，告知网友专门对接地铁的公交线路。

此外，@上海地铁shmetro积极关注网友对地铁新线路的问题反馈，回答了“今后乘地铁去昆山吃大闸蟹是否更方便”等颇显有趣的问题，告知网友“目前去昆山吃蟹还是自驾游方便”。

@上海地铁shmetro微博运营的“组合拳”或能给其他城市的地铁微博提供有益的经验，同时也提示交通信息微博：信息发布和互动交流永远是微博运营的两条主线，没有信息发布是“不务正业”，缺少交流互动是“不近人情”。

◆作者：人民网舆情监测室 ◆执笔：颜敬礼 谭丝妲

（原载于《中国交通报》2013年11月8日 3版）

交通微博
不仅“要说话”而且“会说话”

交通运输机构微博自2011年开通以来，发展势头旺盛，覆盖了票务、天气、失物招领、沿线景点介绍等一系列周到的服务信息，一些微博更是通过微话题、微访谈等形式实现了与网友互动，并且在话语体系上“入乡随俗”，在克服“官话体”、学习民间化的表达方式上都有很大改观。

但是，一些新问题也逐步显现，极为复杂的网络生态，不仅要求交通微博“要说话”，而且还要求其“会说话”。

然而，由于部分机构微博管理人员的专业素养不足，因“不会说话”、“说错话”引发的舆论质疑事件时有发生。

最近，@北京地铁就摊上了这样的“大事”，导致其粉丝净增量较上月有大幅度减少，排名呈明显下降趋势。

一条微博令舆论哗然

2013年11月10日上午11点09分，@北京地铁发布了一条官方微博：#文文明明与你牵手#【地铁文明大家谈】“蝗虫”过后的10号线，一片狼藉……北京首都的宽容大度为人称道，但有时候宽容过了头也是最大的诟病。对于恶意破坏北京首都的行为，我们只想说“这里不欢迎你！”该微博还配有一张空荡荡的地铁车厢满地小广告和垃圾的照片。

这条微博发出后，在网上引起巨大争议，许多媒体微博如@新京报、@财经网、@21世纪网等纷纷转发及评论。据人民网舆情监测室的数据显示，该微博共被转发4000多次，评论3000多次，相关新闻报道近1400篇，网络上关于此事的讨论有两万多条。网友纷纷谴责@北京地铁以“蝗虫”影射乘客是侮辱性言语，并且有地域歧视。有网友评论，“‘蝗虫’这个词，就算加上引号，也是对自己同胞极端的侮辱，就算乘客再不对也不应当人身攻击。”网友“@罗西平_Change”则表示：“北京地铁不应该带有歧视色彩地对待任何人，更不能使用‘蝗虫’此类明显歧视的词语。”更有网友指出，“最后一句话提到首都北京不欢迎你们，让外地人有种地域歧视的感觉”。

而今，“惹事”微博已被删除，从表面上看，它只是微博管理人员一时“失言”，但官方微博终究是代表“官方立场”的，出现“蝗虫”一词的确失了分寸。

因“失言”引发舆情的机构微博

其实，@北京地铁并不是唯一一家因“失言”而被网友诟病的交通运输机构微博。

2011年9月，上海地铁通过官方微博就10号线追尾事故致歉，却多次将道歉微博发了删，删了又发，网友疑其多次“斟酌”措辞是“还在研究合适的官方解释？”

2012年6月，上海地铁官方微博发布的一则提醒女性乘客在地铁上穿着不要过于暴露的微博，因使用了要“自重”的措词加上女乘客“清凉”穿着配图，引来了诸多网友的非议，更有女权人士在地铁里开展行为艺术，高举“我可以骚，你不能扰”、“要清凉不要色狼”的标语，表达抗议。

2012年8月，女子地铁上被骚扰后挨打，@广州地铁微博回应称“别穿少”引网友吐槽：“如果穿多点就能防骚扰，那为什么冬天还会有色狼？！”

点评

这些舆情事件的屡屡发生暴露出一些交通机构微博在言论发布、尤其是“感性”言论的尺度把握上尚存在问题，因此，通过对这些事件的分析解读，也希望给今后其他机构微博运营提个醒：

第一，官方微博用语不应触碰网民心理底线。

@北京地铁“蝗虫”事件引发舆论热议并非偶然。众所周知，把人比为“蝗虫”，是非常不礼貌的、具有歧视性的指责。2012年，港媒反对内地孕妇到港产子，暗讽内地人为“蝗虫”的广告使香港和内地矛盾升温；今年10月，一内地学生在港求学身亡，香港少数人借题发挥，将一众赴港求学的内地学生诬蔑为“蝗虫”，再次引起轩然大波。时隔不久，@北京地铁就不恰当地借用了“蝗虫”一词谴责不文明乘客，再次触及到网民的心理底线。

鉴于微博的“草根”特性，官方微博的语言增强贴近性是对的，但还应保持严谨，不能过分调侃，更不能触碰道德标尺。基于交通机构微博的“公共性”，应努力践行“底线意识”和“责任意识”，在微博语言使用上遵守社会公共道德，传播健康向上的正能量。

第二，及时道歉及时处理，避免事件“有头无尾”。

@北京地铁“蝗虫”微博刺痛了网民神经，舆论矛头直指北京地铁，希望其道歉的呼声也随之高涨。然而，北京地铁仅是在舆论压力下于当日迅速删除了该微博，而在媒体采访时声称“目前公司相关领导已经了解情况，待具体处理方案明确后会及时告知”，却一直没有下文，“具体处理方案”难产，责任追究也没有音讯。但是，微博删了不等于没说，如果不拿出一个真诚道歉的姿态，则只会降低@北京地铁的公信力，或许还会酝酿出更大的信任危机。

第三，严格把控微博帖文的审核，避免“无心之失”。

@北京地铁发布“蝗虫”微博，看似小编的“无心之失”，但一定程度上也折射出交通机构微博在内容审核方面存在着弊端。

官方微博上发表的任何博文，包括转发都是代表官方机构的，发什么、怎么发、谁来审核都应有严格的审核制度。但现在仍有许多机构微博并没有认真地执行审核制度，有的甚至还委托第三方管理，这些做法都蕴含着潜在危机，是不可取的。

第四，应加强微博管理人员的专业素养培训。

乘客乘地铁随手丢垃圾，行为固然不妥，但@北京地铁给其扣上“蝗虫”的帽子，显然是以一种不文明去谴责另一种不文明，是官微管理人员缺失良好素养的表现。

从@北京地铁“蝗虫”微博等类似舆情事件来看，机构微博运营还应“与时俱进”。一方面，微博管理人员自己要在实践中不断总结规律，提高发布、互动和沟通的技巧；另一方面，主管部门也要为官方微博团队不定期地安排相关专业素养培训，在意识、业务等层面不断提升。把握好“客观信息即时发布，主观信息审定发布”的基本原则，才能更好地胜任机构微博的宣传引导工作。

◆作者：人民网舆情监测室　◆执笔：吴素红

（原载于《中国交通报》2013年12月13日　3版）

出行更满意　沟通零距离
——2013年度交通政务微博盘点

近两年来，各级政府部门微博运营如火如荼，越来越多的交通运输部门设立了自己的官方微博，如果把2011年看作是“交通微博元年”的话，那么，2013年度可谓是交通机构微博蓬勃发展的一年。根据新浪最新统计数据显示，我国交通系统机构官方微博总量已达1424家，在我国政务微博的大方阵中，也已成为一支不可忽视的力量，呈现出良好的发展态势。

据人民网舆情监测室发布的《2013年第三季度新浪政务微博报告》显示，交通领域@沈阳地铁、@郑州铁路局、@上海地铁shmetro、@上铁资讯4家官方微博曾跻身全国政务机构微博TOP20榜单，由此可以看出交通运输部门微博影响力显著增强。

岁末年初，人民网舆情监测室从上千家交通机构微博中再筛选出100家最具影响力和代表性的交通机构官方微博进行分析计算，结合粉丝总数、微博总数、关注率、原创率、是否开通政务微信等7项指标，得出2013年度交通系统机构微博排行榜TOP20，同时还将这最具影响力的100家交通机构微博进行地域分布、行政级别分布、部门类别分布等方面的统计分析，旨在展现交通系统机构微博的整体运营情况。

2013解析

区域分布差异明显
京沪地区及东南沿海普及率高

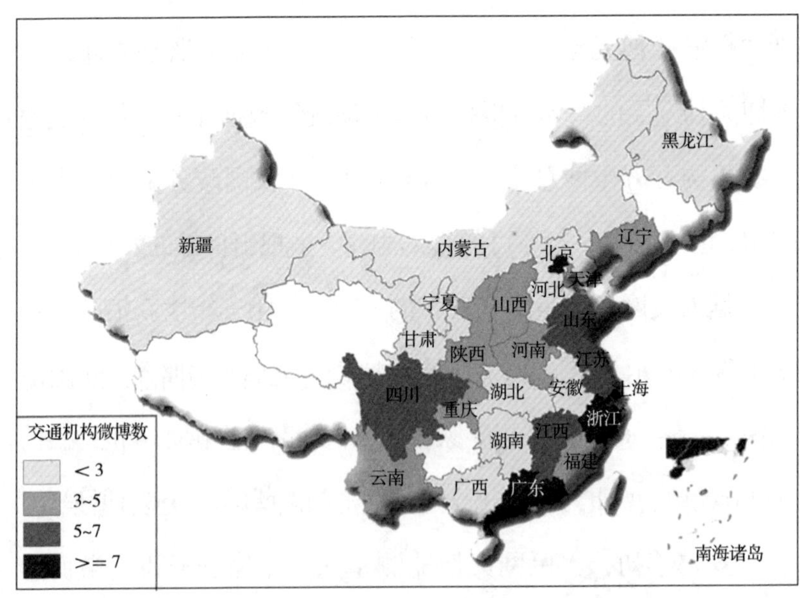

交通机构微博影响力 TOP100 地域分布地图

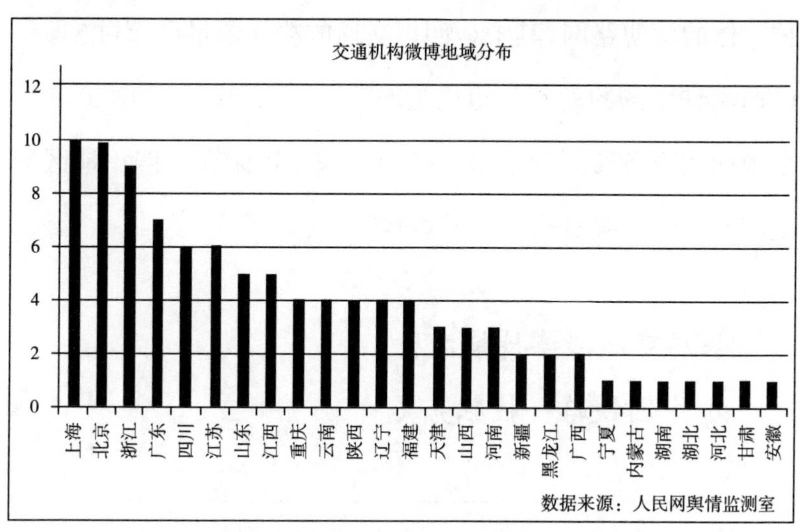

交通机构微博影响力 TOP100 地域分布

从交通机构微博影响力 TOP100 地域分布图中可见，区域分布差异化比较明显，上海和北京均以 10 家交通微博数排在第一位，浙江、广东紧随其后，分列第二、三位。拥有超过 5 家交通微博的还有四川、江苏、山东、江西 4 省，除港澳台未做统计之外，还有吉林、贵州、西藏、青海 4 地数量为零。

从交通机构微博影响力 TOP100 地域分布的中国地图上可以看出，交通微博的整体发展呈现出东南沿海高、中西部及北部偏低的分布状态，而且从开通的城市来看，也大多集中于省会城市。

值得一提的是，作为中南部内陆地区，四川交通微博的普及率较高，目前已形成以 @ 四川交通为核心的，联合 @ 西南铁路、@ 成都地铁、@ 绵阳机场等多家机构微博在内的三位一体的微博路网，其中@四川交通的粉丝数量已超过53万，@西南铁路的粉丝数量也已近50万。在近期召开的2013年新浪四川政务微博年会上，@西南铁路还荣获“四川地区最受网友关注省级机构政务微博奖”。

基层交通微博持续发展
@中国铁路一枝独秀

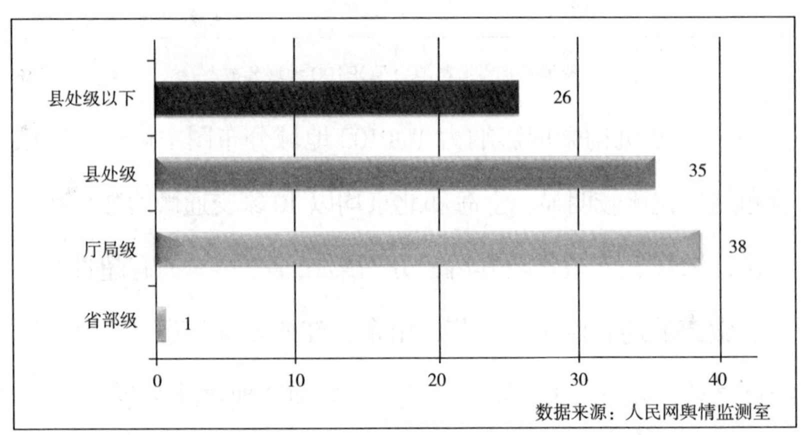

交通机构微博影响力 TOP100 行政级别分布

从交通机构微博影响力TOP100行政级别分布图中可以发现，目前，我国交通机构微博正处于厅局级、县处级及以下级别基层微博持续发展阶段，其中，省部级交通微博仅有@中国铁路一家，厅局级和县处级交通微博占比最多，县处级以下的交通微博则多是由于影响力、整合力不够而未被纳入分析体系。

究其原因，除与我国基层交通部门基数大、与民众生活联系较密切有极大关系外，也在一定程度上说明“担心微博是一把双刃剑，用不好会带来负面效应”是省部级交通微博开通较少的原因之一。

2013 年度交通机构微博排行榜 TOP20

序号	微博名称	粉丝总数	微博总数	关注率	原创率	评论数	转发数	媒体热度	总分	是否开通微信
1	重庆轨道交通	213859	10347	0.16	100%	117	683	72	141.85	否
2	沈阳铁路	400961	26385	0.11	100%	204	322	71	103.11	否
3	中国铁路	1273336	13878	0.40	90%	53	216	772	81.33	是
4	上海铁路 shmetro	5017675	37342	0.82	55%	5	13	17	68.33	是
5	郑州铁路局	2814975	19123	0.47	100%	25	77	6	64.16	否
6	交通北京	2241029	24691	0.50	70%	4	13	1329	59.34	否
7	上铁资讯	1230848	23581	0.31	100%	12	74	8	56.63	否
8	南昌铁路	3468478	18236	0.28	60%	3	10	74	47.11	是
9	北京铁路	2336186	9180	0.24	66%	8	39	397	45.76	否
10	山东交通出行	219382	38259	0.10	95%	0	0	93	45.14	否
11	新疆铁路	293235	34479	0.12	71%	16	14	85	43.47	是
12	北京地铁	1139219	10529	0.42	80%	15	21	156	42.00	是
13	广州铁路	910839	6920	0.28	90%	10	34	186	40.92	否
14	太原铁路	456048	19027	0.07	100%	1	11	37	38.52	否
15	上海地狱二运	21324	42246	0.04	35%	1	3	6	36.31	否
16	中国机场阳光服务	73178	22085	0.17	80%	5	4	64	36.26	是
17	宁波国际机场地面服务	32991	20288	0.17	95%	0	0	0	36.10	是
18	京港地铁	715315	14571	0.23	78%	3	10	5	35.98	否
19	首都机场官方微博	467698	7924	0.36	90%	4	13	14	35.81	否
20	北京公交集团	633873	3679	0.06	80%	30	35	151	35.43	是

注：数据统计时间段为 2013 年 1 月 1 日 0 时至 2013 年 12 月 25 日 24 时。

@中国铁路在2013年度交通运输系统机构微博排行榜TOP20中排第三位，2012年正式亮相新浪微博，目前粉丝数量已超过127万，已经聚合了近百家路局、站段的官方微博，开设有“铁路微博群”专属页面，集中展示“铁路微博集团军”，在保障春运、失物招领、应对突发事件等方面发挥着越来越重要的作用，成为铁路部门与网友开展互动活动的重要平台之一，成功扭转了“铁老大”的形象。

@中国铁路微博成立时，网友表达欢迎的同时，更希望有更多的机构开通官方微博，为网民服务，问政于草根，“面对微博这样一个新兴的舆论场，政府机构不应该缺席。”

铁路机构微博占比达四成
公交机构仅2%

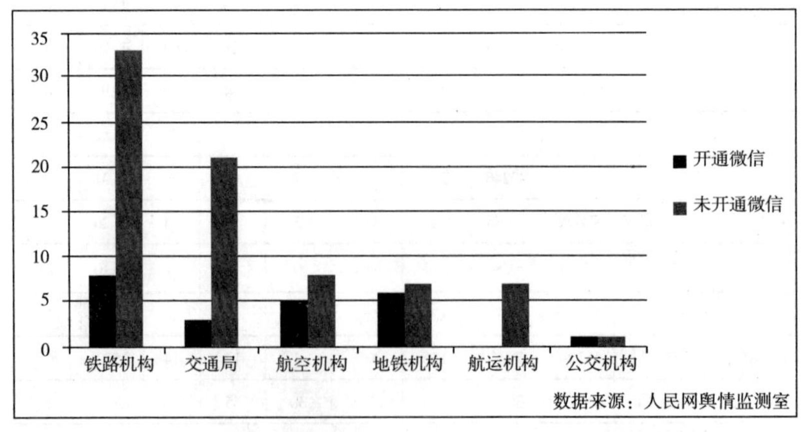

交通机构微博影响力TOP100政务微信各部门开通情况

从对筛选出的100家交通机构微博的部门分布统计结果来看，铁路机构微博占到了较大比例，达41%，位居第一；其次为交通运输主管部门微博，所占比例为24%；航空机构和地铁机构则比例相当，为13%；航运机构以7%的占比位列第四；公交机构则以2%的占比远远落后于其他交通运输机构微博。

近两年来，铁路机构微博可算的上遍地开花，以@中国铁路为龙头，各个铁路局、集团，甚至下属的各个站段都建有自己的微博服务平台，覆盖到新疆、内蒙古等地。这些微博平台通常设置有“春运攻略”、“余票查询”、“列车正晚点”、“寻物启事”、“服务投诉”等服务性板块，以信息服务为主，积极与公众互动，受理意见和投诉，不断提供更多的信息方便广大旅客出行参考、选择，充分满足了公众的公共信息知情权，而且在突发事件应对中起到了关键性的疏导作用，受到网友的热捧，被赞“比热线电话强多了”。铁路部门能够充分利用微博，为社会民众与铁路行业搭建起一座互相沟通的“桥梁纽带”，无疑是提升铁路行业公信力的明智之举。

相比于铁路集团军的“声势浩大”，公交微博则显得有些“单薄”。虽然通过新浪微博账号按照“公交”关键词进行搜索，发现有一些城市的公交系统已经开通官方微博，如@珠海公交巴士官方微博、@郑州公交等，但仅限于开通运营，其粉丝量、微博量都较少，未形成足够的影响力。仅有@北京公交集团表现尚可，登上2013年度交通系统机构微博排行榜TOP20。曾有媒体报道“网友呼吁公交公司开微博”，足见广大网友对公交微博的期待。

2014建议

交通机构微博要贴近百姓。

与如火如荼的公安系统微博和2013年崭露头角的法院微博相比，交通系统机构微博目前还存在这样那样的问题：

开通总量不足，存在“僵尸”微博。

从数据统计来看，目前交通系统机构微博开通总数达1400多家，但该数据仅占政务机构微博总量的2%，也远远低于17000多个政法机构微博的数量。而且，在1400多家交通系统机构微博中，绝大多数交通微博只是解决了从无到有的问题，甚至有的交通微博在开通后直接变成“僵尸”微博，这些缺乏与网友互动的微博即使开通时也能吸引较多粉丝，但经过一段时间运营后，通常都会被粉丝们“淘汰出局”，更谈不上有什么影响力了。

重发布轻回复，与网民互动不够。

百家交通微博的平均原创率虽然达到了72%，但互动率却普遍偏低，就以粉丝总数最多的@中国铁路为例，其互动率才仅为0.13%，在2013年度交通系统机构微博排行榜TOP20榜单中排名第一的@重庆轨道交通，其互动率也才4.5%。综合来看，交通机构微博普遍缺乏与网友间的实质交流互动。

新媒体步伐不够快。

作为移动互联网时代一种全新的沟通交流方式，如今，微信已拥有超过3亿用户，而且迅雷不及掩耳之势甚至超过了微博最初的发展态势。据中国传媒大学媒介与公共事务研究院最新不完全统计，截至2013年5月底，全国开通的政务微信总量已达1400多个，而据人民网舆情监测室数据统计，目前绝大多数交通机构尚未开通政务微信，这显然已经赶不上网络的步伐。

鉴于此，交通机构微博还有待从一些成功的政务微博中吸取经验，进一步地发展和完善。

第一，互动才是交通机构微博生命力。

开通微博不难，难的是开通后怎么用好，这估计也是许多机构迟迟不肯开通微博的原因之一。

交通机构要想在官方微博这个开放平台上有所作为，必须尽可能争取更多粉丝，由单纯灌输向传播交流转变，由单向传播向互动传播转变，不断增强综合影响力。

综合影响力的提升涉及微博活跃度、微博传播力、微博引导力等指标，这些指标无疑都建立在粉丝数、微博数、微博被转发量、微博被评论量、媒体关注度等方面。查看那些运营成功的微博不难发现，积极地与网民互动，针对网友提问进行收集并及时回复，针对社会热点表达自身的态度，遇到突发事件第一时间回应，才能使微博赢得网友信任，才能叫好又叫座。

第二，坚持原创才能更好地聚合粉丝。

微博原创率也是考察交通微博综合影响力的一个衡量指标。

从筛选出的100家交通机构微博的原创率来看，最高的达100%，如@沈阳铁路、@上铁资讯等，最低的仅有5%，如@铁路合肥站。而百家交通微博的平均原创率达到了72%，原创性微博所占比重较大，是由交通运输部门的性质决定的，交通运输部门发布信息多是自上而下，官方微博在很大程度上扮演着传话筒的角色；另外，临客信息、余票信息、地铁航班延迟信息、春运期间的相关政策等内容是交通机构官方微博的主力，这些微博内容的本身也决定了其原创性微博比重较高。

但坚持“原创性”的同时也要把握好一个“度”。一个好的交通微博既不能简单地靠转发微博凑数，也不能埋头“自娱自乐”，而应该是，原创微博占较大比例，评论栏80%以上有回应，转发公众咨询、建议与意见的非原创微博时应带有表态、点评，并及时“@”相关职能微博，给出更好的解决途径。

第三，加强交通机构微信的开通步伐，实现“双微合璧”。

种种迹象表明，交通机构开通微信已刻不容缓，稍有懈怠就可能被时代甩出去。继“官微”之后，政务微信成为官民沟通的全新平台。

据清华大学“政务微信观察”数据显示，截至2013年12月20日，全国政务微信已逾3500个，比2013年4月25日公布的1000个整整上涨250%，可见，政务微信已经迎来了一个蓬勃发展的时代。

2013年10月，国务院办公厅发布《关于进一步加强政府信息公开回应社会关切、提升政府公信力的意见》，明确指出，各地区各部门应积极探索利用政务微博、微信等新媒体，及时发布各类权威政务信息，尤其是涉及公众重大关切的公共事件和政策法规方面的信息，并充分利用新媒体的互动功能，以及时、便捷的方式与公众进行互动交流。

而关于为何开通官方微博后还要开通微信的问题，已有无数专家做过解答。北京师范大学传播效果实验室张洪忠博士就表示，“微博更像媒体，微信更像社交圈。”

政务微博与政务微信各有侧重，微信的强交互性，给政府部门增加了一条倾听民意的途径。

相比微博来说，政务微信是一对一的，能够进行个性化的深度沟通，能进一步拉近官民距离，促发网友的咨询愿望，很多在微博里不方便说的话，却可以通过微信寻求帮助，互动性效果更好，更能提高公众掌上办事的便利性。

有网友呼吁：“如何贴近百姓？快快拿出政务微信吧！”为更好地服务公众，看来交通机构开通微信的步子慢不得。

◆作者：人民网舆情监测室　◆执笔：吴素红

（原载于《中国交通报》2014 年 1 月 3 日　3 版）

交通微博赶大考　传递春运正能量

要说刚刚过去的 1 月份什么话题最火，那无疑是牵动全中国 13 亿人的“春运”。

据节前国家发改委等 7 部门联合预计，2014 年春运客流量将达到 36.2 亿人次，比 2013 年春运增加 2 亿人次。而据百度 1 月份的搜索数据显示，与“春运”相关的新闻约有 233 万篇，由此可见其火爆程度。

每年春运是公众一个绕不开的热点话题，自然也是各级交通运输部门必须参加的一次“大考”。而在几近“全民微博”的背景下，我们欣喜地看到，交通运输部门官方微博纷纷采取措施，迎接春运“大考”。

尽管也有诸如 @ 中国铁路因 12306 网站故障频频遭遇网友诘难的情况令人无奈，但不可否认的是，大多数交通微博还是发挥了自身优势，发布大量的余票信息、失物招领、疑问解答、春运攻略等，把微博作为提升自身服务的一个平台，也有部分交通运输部门提供了微博微信双服务平台，传递了春运正能量，经受住了春运的考验，引来了广大网友的关注和赞叹，提升了影响力。

@中国铁路开设铁路春运微博服务大厅

随着春运来临，中国铁路总公司联手新华微博推出了“伴你春运回家路”2014 铁路春运微博服务大厅，中国铁路总公司官方微博@中国铁路联合、@沈阳铁路局、@北京铁路局、@上铁资讯、@哈尔滨铁路局等 18 家铁路局以及@北京站、@北京西站、@石家庄火车站等全国 26 家火车站站段官方微博，通过新华微博为广大网民提供实用的春运资讯服务，如播报余票信息、出行提示等动态运输信息，以更务实、高效和温馨的姿态助力春运平安、畅通，温暖广大旅客的回家之路。

@沈阳铁路春运沙画传温情

春运本是一道难解的题，“一票难求”、“购票网站瘫痪”等状况让人想起就闹心，但如果破解的过程中能增添一些温馨、温情、温暖的成分，也许就能给焦躁的人们带来些许安慰。沈阳铁路局新浪官方微博 1 月 16 日 6 时 51 分发布了精心制作的春运沙画宣传片，宣传片中给出了铁路春运购票小贴士，详解购票时间、购票地点以及农民工返乡团购政策等，给各位出行的旅客在春运期间送上了一份温馨的提示。沙画视频的形式有创意易传播，网友直呼“有才”，网友“@百合花 123”称：“有才，沈阳铁路局精心制作的春运沙画宣传片真好。”

@新疆铁路微博上开春运发布会

1 月 13 日 16 时，新疆铁路新浪官方微博召开了新疆铁路 2014 年春运网络新闻发布会，首次以微博方式全程与网民互动，发布最新春运资讯。持续两个小时的发布会，对春运购票难、火车上充电服务、重点旅客预约服务等热点问题进行了回答。同时发布春运便民服务措施，增加了畅通进站通道、推行导候服务、开展失物招领、增加志愿者帮扶等方面的新措施，全力保障旅客安全、方便、温馨出行。

@武汉铁路局直播微访谈助力春运出行路

1 月 27 日下午，武汉铁路局腾讯微博和大楚网联合举办铁路春运微访谈活动。就春运期间乘车注意事项等网友关心的问题，现场回答网友提问。铁路部门的细心解答涵盖了春运购票、铁路助行、便民措施诸多方面，他们的准备可谓面面俱到，让人不由心生暖意。1 月 28 日 10 时 40 分，@ 武汉铁路局特派专人前往客流量最大的汉口火车站进行微直播，涉及“退票窗口”、“自助售取票机”、“站外服务”、“站内服务台”、“志愿者服务”等内容，为春节期间旅客们安全出行、方便出行、温馨出行提供了便利。微播报结束时还表示：“虽然本次微播报到此结束了，但铁路服务仍在继续！祝回家的亲们，一路顺风！！！”贴心之处由此可见。

@ 天津地铁微博微信服务春节市民出行

1 月初，@ 天津地铁就发布了 2014 年春运工作方案，提前做好春运前的各项准备工作。而且，2014 年随着天津地铁 3 号线全线贯通，天津地铁也全面开展了网络化运营各项工作，通过 @ 天津地铁运营官方微博，开通《运营信息》等栏目，串联起天津站、天津西站、天津北站和天津南站 4 个交通枢纽微博，提前与各火车站联系获取列车时刻表进行发布，实现高铁、铁路、地铁的零换乘。同时不断升级优化 @ 天津地铁微信，实现推送即时运营信息以及自助查询的服务功能，加快提升服务水平，确保市民在春运期间安全快捷出行。

@首都机场微信公众账号成旅客出行“好帮手”

春运期间，首都机场微信公众账号正式上线，主要功能为介绍首都机场进出港流程、地面交通、最新服务措施等，并与官方网站、官方微博同步进行权威信息发布。首都机场将通过微博、微信平台每日不间断宣传旅客乘机常识、安检法律法规、违禁品携带规定等与旅客息息相关的信息，让旅客在出行前进行一次“自我安全检查”。舆论称，“此举可为旅客带来便利快捷的信息服务。”

点评

春节是家人团聚的日子。大家都想尽快回到家乡，与亲人团聚。春运总是有这样或者那样的问题，让大家不满。但正如大家有目共睹的那样，交通运输部门也在想方设法，从技术、服务、渠道等各个层面加以改进，为使旅客们便捷出行、安全出行而不懈努力。

就像@北京铁路局微博所说：“大家都希望看到好的变化，我们也一直在这方面进行努力。”微博虽小，但传递着全社会的“正能量”，传递着人与人之间的关爱。

正如网友“@卖呆儿不做梦”在行李找到后给大连客运段官方微博留言：“感谢你们，希望这样的温暖可以传递给更多人。”我们期待着交通微博在今后的微博服务工作中，继续为人们提供各类出行信息，用微博的神奇力量把爱传递。

◆作者：人民网舆情监测室 ◆执笔：吴素红

（原载于《中国交通报》2014年2月21日 3版）

“高铁降速”引关注 应对能力待提升

2014年2月5日，春节长假即将结束，全国高速公路、国省干线公路和大中城市出入口交通流量明显增多。偏偏天公不作美，当日，我国中东部地区普遍出现雨雪天气，部分地区出现大到暴雪，对春运返程交通运输造成较大影响。

与高速公路局部路段封闭、民航班机延误相比，受此次大雪影响最小的要数铁路。为不耽误行程，许多返程旅客自然而然地“转战”到冒雪行驶的火车上，继续他们未完的旅程。

这股“转战”的客流，无疑又给本就承担春运巨压的铁路部门增添新负。但是，冒雪前进的高铁仍未能躲过网友的口水，@北京铁路发布高铁降速运行措施引来关注，“高铁降速、晚点”等话题一度成为网上热议的焦点，舆论质疑，乘客花高价买高铁票就是为了享受高速度，高铁不高速是否该按照普速列车票价退差价？

高铁降速运行措施引关注

积雪达到40厘米，列车就要减速；雪深超过50厘米，火车就要停驶。因此，2月5日，北京铁路局官方微博发布信息称，“受沿线降雪天气影响，为保证行车安全，京广高铁郑州局管内、北京局管内，京沪高铁济南局管内采取了降速运行措施。由此造成部分列车晚点，给广大旅客带来不便，敬请谅解。”随后，北京铁路局官方微博又连发多条具体晚点列车的信息。

尽管有这些信息发布在前，但“高铁降速”仍然招致部分舆论批评声音。不少乘客抱怨“高铁跑不过慢车”、“降速就应补差价”。新浪网友“@Mr-Simon”吐槽道：“高铁还晚点，降速不降速都是你一句话么？什么为了安全，没本事克服这点自然灾害，就别收那么贵的车票。”

而且，主流媒体也加入其中。2月7日，《法制晚报》发布了题为《7成网友建议高铁退差价》的报道。主要内容是针对高铁遇雨雪天气降速是否应降价发起微博投票，截至2月7日10时30分，共有55人参与投票，超7成网友认为花高价坐高铁没享受到相应的高速度，铁路部门应该给予乘客补偿。2月8日，《法制晚报》再发《高铁降速退差价应遵国际惯例》一文，称要求给予差价补偿是对铁路营运行为符合“国际惯例”的现实要求。

高级律师迟夙生也表示，铁路部门因为天气原因，对高铁实施降速措施，没有按照时速要求运载乘客，对乘客的行程安排客观上也造成了一定的影响，对于此类现象应对乘客进行一定补偿。

理性声音占多数 缓解舆情压力

与诸多负面舆情事件不同，在高铁因大雪降速事件中，铁路部门得到了众多理性声音的支持。

新华网发布题为《“高铁降速”才是真正的“迎难而上”》的评论称，作为雨雪极端天气中的列车出行而言，首要的是保证将旅客安全送达目的地。遇自然天气恶劣的时候做降速处理，实在是正常不过的调整了。这改变的仅仅是运行的速度和乘车的时间，确保的却是旅客的安全，而将旅客送达目的地的本质是不变的。旅客应多一分理解，少一些责难。

东方网观点称，从国际惯例来说，因为雨雪天气而导致高铁降速晚点，铁路部门并不需要向乘客退差价。

中国经济网则对@法制晚报的提法发起质疑，评论称，@法制晚报的调查共有55人投票，很难说这55人中的“七成网友”能代表全中国七成网友的观点，这“七成网友”能不能代表全体坐火车旅客的观点，更有待商榷。

而且绝大多数网友认为，铁路部门降速是为乘客安全考虑，天气原因人力不可抗，可以理解，退不退差价和给予补偿无所谓。央视网友“@4k6h3t7”认为：像《法制日报》这样的主流媒体在这个时候应该引导广大网友理性看待问题，而不是发起这种煽动性投票，使原本已经因为恶劣天气而举步维艰的春运返程路更加难走。

对此，郑州火车站宣传信息中心主任戚宝军也表示，雨雪天气属于不可抗因素，遇雨雪天气高铁降速根本是为了列车运行安全。从技术上讲，列车是可以按照设计的时速运行的，实行限速主要是源于对乘客生命安全负责的理念。

舆论中这些理性的声音，有效地化解了铁路部门的舆论压力。

无后续接应　应对显乏力

虽然得到了多数舆论的鼎力支持，但美中不足的是，@北京铁路在发布高铁降速的相关信息以及晚点列车信息之后，再无接应。从舆情应对的角度来看，@北京铁路还有很大提升的空间和必要：

（1）从专业技术角度解释高铁降速的利弊得失、铁路部门对雪天行车相关规定的技术指标等，通过微博平台与网友及时分享，赢得网友认同。

（2）新媒体平台联动，做好网友的情绪引导工作。通过观察网友的微博留言可以发现，很大一部分是埋怨“高铁太慢”的。网友“@来自星星”就抱怨：“我看这个车长谨慎过了头啦，怕什么，就沿着铁轨往前开呗，这么磨磨唧唧烦都烦死了，我要是车长，咱们早到了！”旅途漫漫，人们想急切到达目的地的心情可以理解，对此，@北京铁路需要整合@中国铁路、各地铁路局官方微博等新媒体服务平台的相关信息，在网上开通“绿色通道”，及时通报主要站点和铁路的积雪清理信息、通行情况，安抚旅客情绪，不让旅客“堵路”又“堵心”。

（3）传播铁路春运正能量。比如发布铁路工人在一线除雪的照片，介绍检修电网、维护线路、保养机车的工人在风雪中是如何工作的，展示其要付出比平日多几倍的劳动量才能保证一列火车的行驶。此类正能量的传播能在一定程度上感动网友，获取谅解，引导舆论走向。

◆作者：人民网舆情监测室　◆执笔：吴素红

（原载于《中国交通报》2014 年 3 月 28 日　3 版）

从突发公共事件看交通微博表现

2014年3月伊始，昆明火车站暴恐案、马航MH370失联事件等给人民生命财产安全带来威胁的突发性公共事件，引发人们的恐慌，也引爆了舆论。事件不断升温，早已习惯上微博、微信获知信息的网友汹涌而至，公众的信息渴求急剧膨胀。

面对巨大的信息需求与真空，在全民几乎都把微博作为第一信息来源的时候，少数与此事件相关联的交通机构微博却作为不大，例如@昆明火车站。

当然也有及时发声的官微，@中国交通报在马航失联事件中，及时发布独家权威信息，引起社会广泛关注，扩大了交通微博影响力。

云南昆明暴恐案

@昆明火车站被差评“真空”

2014年3月1日，四季春城昆明不冷不热，一片祥和。然而，当晚21时许，昆明火车站广场发生蒙面暴徒砍人事件。截至2014年3月2日18时，已造成29人死亡、143人受伤。民警当场击毙4名暴徒、抓获1人。随后，官方将该事件定性为恐怖袭击活动。事件发生后，引起国内外社会强烈反响。当事网友及后续记者陆续通过微博、论坛、贴吧、微信等网络互动媒体第一时间传递出这起暴力事件的细节和进展，网络舆论一片哗然，纷纷谴责暴徒反人类的行径，并祝愿伤者早日康复，逝者安息。

在案发地昆明火车站，人们惊慌失措，惊魂未定，一些将要乘坐火车或者购票的人们更是无所适从，迫切需要知道事件进展。此时，作为昆明铁路局昆明站的官方微博，@昆明火车站未及时向公众发布信息，安抚社会情绪，而仅仅在3月2日1时5分才转发了@公安部“打四黑除四害”的相关微博，并点燃两根蜡烛。

此微博被转发121次，评论154篇，在这些评论中，大多数网友指责@昆明火车站信息不及时、缺乏人情味。

网友“@快快慢慢眯眯momo”评论说：我的天，现在才发微博就算了，还什么都不说。网友“@宋小尧同学”跟帖质疑：没有第一时间站出来说明火车治安为什么这么差的原因，没有第一时间站出来说明事件，没有最基本的态度来面对此次暴力事件，没有表明根本的解决方案，仅仅两根蜡烛？网友“@盛世冰山”在跟帖中甚至说：直接开小编，没人情味。网友“@妙哉返璞归真”也称：昆明火车站微博太冷了，没人味。有的网友甚至直呼关闭@昆明火车站，网友“@和大ninilu”评论：这样的官微还有什么存在的价值，转发一些没营养的垃圾帖子，一个脏乱差如今又让这么多人失去生命受到伤害的地方。恐怖分子无比令人憎恨，你们同样让人感到寒心！网友“@许多不多”直接跟帖：这微博可以关闭了。

点评

@昆明火车站有此较差表现早可预见，该微博自2013年2月28日开通以来，设置有“健康百科”、“彩云之窗温馨提醒”、“昆站微课堂”、“昆站微天气”等微话题。截至2014年3月28日，粉丝总量仅为5271，微博总量为3567，这与其偏重发布一些生活哲理类的微博、政务性信息比率较小、无数量也无质量、只发布不互动有着很大关系，内容干瘪，空留一副“官微”的架子，这种“真空微博”在微博遍地开花的今天也只有被遗弃的份儿。

马航失联事件
@中国交通报成权威信息源

3月份最大的突发舆情事件无疑就是马航MH370失联事件。2014年3月8日凌晨，马来西亚航空公司一架航班号为MH370的波音777-200客机从吉隆坡飞往北京，计划6时30分抵达北京首都国际机场，却在凌晨1时20分失去联系，机上搭载有154名中国人。3月8日7时24分，马航官方网站公布马航MH370失联消息，此后，“飞机去哪儿了”牵动着亿万人的心，无论是传统媒体、网络媒体，还是微博、微信，全都倾情投入追踪报道。

迫于舆情压力，马来西亚交通部于3月14日开通官方微博账号“大马交通部”，发布有关马航失联客机搜救进展、媒体声明等，虽然多数情况下@大马交通部发布信息中规中矩，做的都是“官样文章”，但是依然可以为网友查询事件最新进展提供便利。截至目前，其粉丝数已近25万人。

作为本次马航失联客机海上搜救的核心部门，交通运输部一开始就积极组织搜救。媒体报道显示，3月8日事发当日，交通运输部宣布立即启动一级应急响应，成立马航失联客机应急反应领导小组；此后，又多次召开专家咨询会、安排新闻发言人发布搜救进展等。这些消息均在@中国交通报官方微博上第一时间发布。

当日，@中国交通报将从交通运输部独家得到的消息发布到微博上，并上传《中国救捞宣传片》视频。该视频被转发6117次，评论1161条，网友纷纷积极评价。“@Sallycheng丫頭”跟帖称：“看的我眼泪都出来了，这段视频估计也想表达现在马航搜救中辛酸吧。在大家等待马航回家的时候，也多多关心这些救助的官兵们，谢谢你们了！”

自3月8日10时37分发出第一条有关“马航飞机失联”的微博至今，@中国交通报第一时间、高质量发布交通运输部门在此次事件中的相关动态。比如，“快讯：我国将增派船只赴南印度洋”、“‘中海韶华’抵达法国公布疑似海区”等相关的各种救助信息，及时满足了媒体和公众的信息渴求，许多媒体因此将@中国交通报作为第一消息源。

在微博舆论场中，@中国交通报的独家、及时信息，成为国内媒体有关报道的重要、权威信息源。在百度等搜索引擎、门户网站（新浪、腾讯、凤凰等）、传统媒体（中央电视台、

《新京报》等）的新闻报道中，《中国交通报》及其官微也被频繁提及。在央视新闻直播节目中，主播曾主动提及请关注@中国交通报，获取及时信息。

点评

@中国交通报在满足公众信息需求的同时，也借此机会大大提升了网友关注度，使得粉丝量暴涨。据数据统计显示，今年@中国交通报刚开通时，粉丝数量仅为3位数，而其发布马航事件相关信息后，截至4月23日12时，@中国交通报粉丝数达68万。@中国交通报此举与2012年@人民日报刚开通之际借助北京“7·23暴雨”收获关注可谓异曲同工。

总体看来，交通机构在微博运营上的步子迈得相对慢一些。据《2013年新浪政务微博报告》显示，部委微博运营已经逐渐成熟并形成了较完备的体系，商务部、国资委、外交部等官方微博目前已形成较为成熟、有规可循的运营模式，充分利用新媒体平台实现社会创新性管理。交通微博也要善于不做“空壳微博”，争取拿出“干货”，提升微博的内涵。

◆作者：人民网舆情监测室　◆执笔：吴素红

（原载于《中国交通报》2014年4月28日　3版）

公共交通舆情多发
微博应对仍显乏力

公共交通，小则关系服务体验，大则事关生命安全，因而一直是舆情的多发领域。近段时间，公共交通领域舆情，既包括因建筑施工问题导致的深圳机场暴雨后变身“水帘洞”、中铁十九局在京地铁工程被指存安全隐患，也包括因公共设施运维引发的上海一地铁站电梯逆行事件。固然，这些突发事件的根源是在产品质量、安全管理等技术层面，但事件发生后，当事方如何处置，如何第一时间消除公众疑虑，切实解决问题，则是舆情应对的关键。

“水漫”深圳机场
舆情应对需做足功课

3 月 30 日开始，雷暴雨天气袭击深圳，深圳机场运营受到严重影响，300多个航班延误、取消，乘客滞留超过5000人，机场停车场上演真实版“水帘洞”。新浪网友“@释道心”在微博上发布了深圳机场新航站楼到处遭水淹的图片，并配发微博称：“深圳机场目前的景象，是最美机场？豆腐渣工程，就这样被一场春雨洗礼！”类似的微博一时在各个微博平台散发开来。而且，由于长时间等候，一些旅客情绪激动，数次与工作人员发生争执，打砸了柜台。一场暴雨，让刚投入使用不久的深圳机场新航站楼成为社会与媒体关注的焦点，也把@深圳机场骤然抛进喧嚣的舆论场。

面对突如其来的舆情事件，@深圳机场的应对体现出了一定的专业性，但是某种程度上还透露着些许稚嫩。

首先，事件发生后，@深圳机场及时对外发布最新进展，更新天气及航班状况，并对个别负面信息给予准确说明。据人民网舆情监测室统计，3月30日至4月2日，深圳机场官微共发布24条微博，内容上，除了更新天气状况以及航班延误情况外，“请乘客耐心等待”以及“深表歉意”成为主旋律，许多条微博的后面还@深圳微博发布厅，以求大范围扩散。

其次，针对漏水情况，深圳机场发布长微博、召开新闻发布会，并公布具体实施方案。3月31日，@深圳机场发布“深圳机场新航站楼并未出现严重漏水现象”的长微博称：网上传播和部分门户网站转载的机场漏水和“水浸”图片反映的是停车场内的情况……机场公司启动停车场内部排水系统，并通过人工清除积水、加大车辆引导力度等紧急措施维护现场秩序。4 月 1 日下午，深圳机场还请来设计单位，专门就深圳机场新航站楼漏雨、“水浸”一事举行新闻发布会，并表示一旦天气好转，将对漏点及时修补，并做好相关的防水检测。这一系列动作一定程度上缓解了矛盾，但仍有网友质疑机场方面不反省、不诚恳道歉、不总结问题，还牵强附会地去找什么“相关标准”来为自己开脱。

最后，深圳机场在清明小长假暴雨期间，还公开邀请媒体以及市民到机场参观。

但是，@深圳机场在疏导滞留乘客方面，除了强调“耐心等待”和表达“歉意”之外，缺乏实质性的沟通措施和有效安抚乘客情绪的手段，致使出现打砸柜台的情况。

其实，近年来我国多地因为天气原因造成航班大面积延误、大量乘客滞留的事件屡见不鲜，深圳机场只需要从中学习一些好的做法，便能在一定程度上缓解舆情压力。如 2012 年 4 月，约 5000 名乘客因大雾滞留大连机场，机场方面请来“篮球宝贝”现场热舞以缓解乘客焦虑情绪不失为一剂良方。

多雨季节来临，不知道下一次极端天气来袭前，深圳机场是否做好了充足的准备。

上海地铁逆行事件 舆情处置可圈可点

4月2日8时20分，上海地铁静安寺站7号线和2号线的换乘通道内的自动扶梯突然倒行，“乘客像卸货般滚下”，事故造成10余人受伤。这一突发事件经网友微博爆料后迅速扩散，一时将上海地铁运营公司推至舆情的前沿。好在上海地铁运营公司舆情应对迅速，舆情处置基本到位，使得事故遭受的舆论批评较为缓和。

首先，通过官微及时通报情况，并将伤者送医。4月2日10时27分，上海申通地铁集团运营管理部官方微博@上海地铁shmetro在新浪和腾讯两大微博平台上同时发布情况说明的长微博，称“4月2日8时20分左右，2号、7号线静安寺站换乘通道内一部上行自动扶梯突然倒行，乘客摔倒受伤，其中12人皮外轻伤，1人伤势需进一步观察，目前所有受伤人员在车站工作人员陪同下均已送医。”

其次，现场处置有序、全面。据报道，事情一发生，地铁工作人员立即赶到现场，停用自动扶梯，民警、协警、管理人员及时到场救助、维持秩序，自动扶梯厂家到场检查监护，第三方检测机构也将对倒行原因进行调查，并对该自动扶梯进行检测。

接下来，上海地铁还称，将对受伤乘客进一步跟踪观察，同时还将对全网络所有电梯进行安全排查。

随后，@上海地铁 shmetro 连续发布多条“情况后续”微博，进一步将伤者治疗出院等情况进行了播报。

@上海地铁 shmetro 在舆情应对中表现出来的诚恳态度、解决问题的效率使其赢得了舆论认可。如若再能表现得更有人情味，则可收获更多“点赞”了。

网友“@浪子老关”跟帖称：我觉着地铁官方机构应该主动提出理赔，这才显示出大城市的气魄和乘客至上的理念。钱不用特别多，合理即可，譬如给受伤的乘客无偿充缴一定数额的交通费作为补偿。一次很好的危机公关可以把劣势变成优势，一举两得，岂不美哉，何乐而不为?

近年来，乘客因地铁电梯逆行而受伤的事件时有发生，尤其是 2011 年北京 4 号线地铁事故更是引发了舆论对地铁安全的集中关注。当然，要求高使用率的地铁“零事故”是苛刻的，但如何向“零事故”靠拢却是地铁运营公司应该努力的方向，对运营设备的检查、检修必不可少，建立有效与完整的舆情应对机制，也很有必要。

◆作者：人民网舆情监测室 ◆执笔：吴素红

（原载于《中国交通报》2014 年 5 月 23 日 3 版）

谣言止于信息公开
交通微博应及时澄清

5月份以来，在全国各地的地铁、铁路领域，陆陆续续有几个突发事件上演，而这些事件大多被网友传的比较可怖，如京港地铁试车冲出轨道被传运营时脱轨、杭州地铁乘客突发癫痫被传打架斗殴、深圳地铁疑似精神病男子喧哗被传砍人、上海地铁1号线因触网故障产生异响及火花被传为爆炸等。在这个“谣言满天飞”的时代，一方面网民要理性看待网传信息，不轻信、不传播；另一方面，也要靠机构自身应变能力，第一时间公开信息，做第一信息源，借助权威渠道进行辟谣。

京港地铁：

试车冲出轨道被传运营时脱轨

5月3日10时28分，在北京南四环花卉市场东侧，一辆列车在京港地铁4号线试车线上测试时冲出轨道，两节车厢脱轨，车头冲上四环辅路的匝道，事故未造成人员伤亡，但导致南四环草桥东路出口被封锁4小时。因事发现场围观者较多，该事件瞬间就在微博、贴吧上被迅速传开，“冲进绿地”、“脱轨”、“冲上四环路”、“制动失效”等字眼比比皆是。网友“@音响铁丝爱京港”说：“百度一下，谣传四号线‘脱轨’的新闻比比皆是，在这个时候若不站出来给予解释或澄清，影响势必会更大。”网友“@hakutaka681”也说：“谣言止于公开，事实上车都撞四环上去了，我就在现场，很多人围观，拍照发微博，所谓无知者无罪，这些人误说运营列车脱轨在先好不好！”

正如网友所期盼的，就在事故发生1小时后，京港地铁公司官方微博@京港地铁发消息称，“4号线车辆段试车线上，一列车在测试过程中未及时停车，超出限界，目前具体原因正在调查中，对4号线正线列车没有影响。”随后又在14时26分跟进信息称，“地铁4号线马家堡车辆段内，列车在测试线上例行测试过程中，因制动原因超出限界。事故未造成人员受伤，对正线运营也未产生任何影响。具体原因仍在调查中。”从微博内容来看，两条微博都强调了“试车”、“对正线运营未造成影响”这两个关键信息，及时阻止了“运营列车脱轨”的谣言散播，把握了第一信息源。但事故的具体原因一直在调查却始终未给出结论，造成了无尾新闻。

杭州地铁：
乘客突发癫痫被传打架斗殴

5月24日10时，网上传出“杭州地铁突发状况”的消息。一时间，各种流言在微博上、微信朋友圈疯传，各种版本的说法都有，有说砍人的、有说爆炸的，一个比一个劲爆、一个比一个吸引眼球。“第一次离死亡这么近，地铁上突然有人砍人还有炸弹，幸好在第一节车厢，所有人拥挤过来，一阵人肉味，为了逃命砸了紧急开锁，很多人的包和鞋子都没了，腿软着逃了出来。真的不会再出去玩耍了！”这是微信朋友圈里诸多消息中的一条，由这段文字也可以想象出现场的混乱程度。但事实并非如此，据杭州地铁1号线运营方称，地铁行驶过程中，一位有智力障碍的乘客突发癫痫，让车上的人以为发生了斗殴，在地铁进站过程中尚未完全停下时，有乘客按动紧急停车按钮，从而引起了慌乱。

这纯粹是一场乘客“自己吓自己”的虚惊，但与地铁官方未及时通报消息不无关系。从@杭州地铁发布长微博《关于今天上午地铁1号线一名乘客癫痫病突发的情况说明》的时间来看，距离事发时间已经过去了7个多小时，至多只能算是一个事后说明，如果地铁官方能第一时间将事故缘由、事态进展、应对措施等信息通过微博、微信平台加以扩散，相信能极大地抑制铺天盖地的蜚短流长，平复乘客的恐慌情绪。

点评

无独有偶，5月12日和5月25日，又相继发生了上海地铁1号线因故障异响被传为爆炸声和深圳地铁疑似精神病男子喧哗被传砍人等谣言引发的群体恐慌事件。

综观这些事件，我们可以发现它们有着许多相似的地方：

首先，这些事件多发生于轨道交通领域，地铁本身这个封闭的环境容易造成人们的恐慌，有网友坦言，“在地铁这样的封闭空间里，确实容易让人发慌。”封闭的环境给谣言滋生提供了土壤。

其次，涉事的官方通常未能及时发布第一手信息，致使乘客慌乱之下通过微博、微信等新媒体平台发出各种猜测信息，这类带有“爆炸”、“砍人”等字眼的说法迅速引爆网络，谣言跑在了真相的前面，等到官方反应过来再去对事件进行说明时，已是与事实相去甚远。

再次，多数官方微博未发挥舆情引导作用，未对突发事件进行跟踪发布。京港地铁可算是这些官方微博中做得较好的，事故发生仅1个小时后，京港地铁就进行了信息披露，确保媒体进一步报道中直接将“不影响正常运营”的信息带出，扭转了对自身不利的局面。杭州地铁就糟糕得多，相关信息的发布滞后了7个小时，致使谣言得以在网络疯传。

最后，部分官方微博仅借助公安微博发布信息，自身平台却缺少对事件前因后果的详尽说明。如上海地铁疑似爆炸事件，事故发生2个多小时后，上海市公安局的官方微博@警民直通车——上海辟谣表示，列车因触网故障产生异响及火花，现场秩序平稳。再如深圳地铁疑似砍人事件，1个多小时后，深圳市公安局罗湖分局通过其官方微博@深圳罗湖公安进行了辟谣。而作为涉事方的上海地铁和深圳地铁则仅仅在微博中给出突发运营信息的提醒。杭州地铁发事后长微博，做“事后诸葛亮”的做法显然也慢了半拍。

美国社会心理学家奥尔波特曾给出过一个谣言公式：谣

言 =（事件的）重要性 ×（事件的）模糊性。显然，事件越重要而且越模糊，谣言产生的效应也就越大。因此，要对谣言进行治理的话，最重要的就是做到信息公开。唯有及时准确的信息公开，才能抚慰公众的焦灼无助。而今无线舆论场日渐成熟，信息传播速度及交互范围更快、更广，不断要求权威机构缩短辟谣时效，并擅长运用官方网站、官方微博、官方微信等多渠道辟谣，给百姓吃“定心丸”，从而避免从众心理引发的群体恐慌。另外，公众的理性也是其不信谣、不传谣的关键因素，期待公众努力提高科学文化素质和健康心理素质，面对信息冲击时不迷失、不盲从。

◆作者：人民网舆情监测室　◆执笔：吴素红

（原载于《中国交通报》2014 年 6 月 23 日　3 版）

地铁搭车世界杯　创意 OR 噱头

6 月份，四年一度的足球世界杯激情上演，迅速成为整个世界关注的焦点，也成为市场营销的重要事件和平台。

除去世界杯三大阶层赞助商外，各个行业也都铆足了劲头在这场足球盛宴中分得一杯羹，甚至连地铁站都想到借“打擦边球”的机会提升知名度。

北京地铁 4 号线以 32 支球队命名，深圳地铁公开发售 2014 巴西世界杯纪念票，杭州地铁开通世界杯专列等不一而足，这些“创意秀”也着实让世界杯氛围更浓厚了些。

然而，并非所有的创意都收获惊喜，借“世界杯”平台提高知名度、关注度无可厚非，但也要寻到恰当的切入点，切莫像 @ 京港地铁似的“自讨无趣”。

京港地铁：
冠名“中途夭折”引热议

6月7日夜间，@京港地铁透露，北京地铁4号线——大兴线35个车站将以2014年世界杯32支参赛球队的名称命名，如公益西桥（葡萄牙）、西单（西班牙）、人民大学（巴西）等，除以球队命名的32站外，其余3站将分别命名为：公平竞赛，体育道德，足球先生。而且当日已有细心的网友发现，在地铁4号线公益西桥站墙面上的站名标志牌上方，张贴了一张尺寸差不多大的世界杯球队名牌，有葡萄牙的国家名称和国旗，最下方还有一句口号：京港地铁与足球同一节拍。

京港地铁以世界杯参赛队命名沿线各站并在车站张贴球队名牌的举动，迅速引发了社会关注和网友球迷的热议，甚至获得了日媒关注。不少球迷朋友表示了支持，觉得这让地铁变得很有意思，让人感觉地铁还挺可爱的。有的球迷还纷纷调侃可以“两块钱环游世界”、“这下出国方便多了”。在广大球迷朋友的热烈建议下，@京港地铁随后还表示要满足广大球迷的需求，将对球队名牌内容做调整，并呈现各支球队历次世界杯战绩。

然而事隔仅两天，@京港地铁便宣布因网友反映“会造成视觉混淆”而取消了该活动，并删除了此前关于这一活动的两条微博。

京港地铁宣布活动取消的官方微博引起了大量的关注，不少网友都表示了遗憾：“北京又错过了一个让自己变得更可爱的机会。”有网友就伤心了，“这说好的 2 元钱环游世界呢？”有网友说，还没来得及看看就没有了，“听说撤掉了，挺可惜的。这样的布置很有创意也很精彩。”还有一些网友对撤销理由不太理解，“难道真的有人到了公益西桥看到葡萄牙三个字就不敢下了，以为到了葡萄牙吗？”大部分网友认为 @ 京港地铁的这一解释不太符合逻辑，称如果怕混淆，也可以把站牌的位置调整一下，没必要已经贴出来再摘掉，是不是有什么别的原因？

各路媒体的评论也纷至沓来，部分媒体认为所谓用球队“命名”车站更像个噱头。《重庆商报》发表“世界杯‘进’地铁，噱头还是文化？”一文，引用网友“@ 江苏刘化喜”的观点：世界杯是球迷们狂欢的季节，在不造成其他乘客困惑的前提下，地铁站搞些小创意适当渲染一下气氛，制造点欢乐氛围，没什么不好。只是，渲染气氛可以，千万不要哗众取宠搞噱头，否则就适得其反，让人生厌了。

也有评论认为地铁公司“过于谨小慎微”，世界杯站名“匆匆下架”不应该,新华网就刊发“‘世界杯地铁站’大可不必‘匆匆收场’”一文，认为“北京地铁‘无奈夭折’的世界杯创意秀理应收获更多的掌声和支持，只要不妨碍地铁的基本功能，就完全可以再热烈一些。北京地铁为营造世界杯气氛而进行创意布置无可厚非，这种对地铁文化的探索理应得到更多的宽容和鼓励。”

深圳地铁：
发售世界杯纪念票

无独有偶，深圳地铁也打起了“世界杯牌”。6月13日，深圳地铁2014巴西世界杯纪念票公开发售，据深圳地铁集团有关负责人透露，这8张纪念票均经过精心设计，张张不同款。为了区别于一般官方发行的地铁票，这套以世界杯为主题的地铁纪念票，每一张分别使用了不同的绘画技巧，包括素描、版画、油画、铜版画等各种风格，具有浓厚的设计气息和观赏价值。

深圳地铁集团有关人士表示，作为深圳的公共服务象征，深圳地铁一直受到广大市民的好评。“借着世界杯这一足球盛事，我们推出这套地铁纪念票，也是希望有更多喜爱足球的深圳市民关注深圳地铁。”

但据监测结果来看，其传播效果却不理想，仅《南方都市报》、《深圳商报》等少数媒体进行了报道，相关微博评论及转发也寥寥无几。

杭州地铁：
运营世界杯专列

世界杯前期，杭州地铁也想出了“新招”，推出了世界杯专列及世界杯主题车站。6月5日，国内首列世界杯专列在杭州地铁正式投入运营，这列神秘的世界杯专列从车厢底部到车顶都进行了整车包装，亮丽而震撼的创意装饰，活力无限、激情四射的足球宝贝，给地铁乘客呈现了精彩纷呈的视觉盛宴。

网友纷纷赞叹乘该条地铁就像置身球场，网友“@黄金一梅利”称：杭州世界杯地铁真威武，太帅气了，有空儿去感受一下。

杭港地铁高级公关经理兼新闻发言人李娜表示，此次打造世界杯专列是为了结合时下世界杯热潮，让乘客们一起感受世界杯的氛围，这也是杭港地铁的文化活动之一。

点评

无论是京港地铁以世界杯参赛队命名站名，还是深圳地铁推出纪念票、杭州地铁运营世界杯专列，其最初的目的是机构自身的推广，然而，为什么结果却各异呢？纵观“京港地铁以世界杯参赛队命名站名”一事的舆情发展脉络，事情的发展如此突变，令舆论哗然的同时也使得京港地铁有些“自讨无趣”之感。

本来，世界杯就是个舆论焦点，借助世界杯扩大知名度无可厚非，因此，北京地铁为世界杯造势是符合时宜的、更是必要的，但是“一推一撤”之间反而让舆论感觉京港地铁想法不成熟，没有精心策划而匆匆推出。笔者认为，单就京港地铁而言，仅仅用世界杯球队名称来命名各地铁站的形式还显得太过简单和低级，对世界杯气氛的烘托完全可以更创新、更丰富一些，在站牌的大小、设计等方面多做些工作，也可以像@杭州地铁那样推出相关主题活动。

懂得挖掘契机，善于借助热点事件扩大自身的影响，形成具有自身特色的交互式体验，是新媒体运营的较高境界。这一点上，交通机构微博们需要向那些成功借势营销的企业多多学习。

◆作者：人民网舆情监测室　◆执笔：吴素红

（原载于《中国交通报》2014年7月31日　3版）

公共安全事件中　交通微博不应缺席

西宁机场停车场、广州公交、合肥公交车，7月15日，三个地方，突发事件再次触动公众神经。这类危害公共安全的事件，在新媒体环境中，传播快、扩散广、影响大，不仅引起全社会的广泛讨论，而且极易对社会心理形成冲击。公安部门自然担当着破获案件的重大责任，但作为涉事交通机构，如能及时开通官方微博，并尽到绵薄之力，则既能协助抚慰公众，亦能赢得不错的口碑。

西宁机场未开通官方微博
突发事件应对被动

7月15日13时，西宁曹家堡机场停车场的一个垃圾桶发生爆炸，致一名清洁工受伤。事发当日，媒体报道量以及微博相关信息量均直攀高峰。当日 16 时 13 分，新京报网刊发《西宁机场爆炸目击者：垃圾桶内电瓶充电器爆了》一文，援引目击者消息称，爆炸物体系“电瓶充电器”。随后，该文章被新华网、中青网、搜狐网等媒体转载。微博舆论场上也充斥着“西宁机场爆炸由‘电瓶充电器’引发”的说法。

直到 7 月 17 日凌晨 1 时 42 分，西宁曹家堡机场公安局发布消息称，经警方近 30 小时的缜密侦查，西宁曹家堡机场“7·15”爆炸原因已查明，系两枚被丢弃的礼花炮意外燃爆。

在事件舆情应对过程中，西宁曹家堡机场所属的青海机场有限公司在 3 小时内便组织召开了一场新闻发布会，强调了“清洁工腿部受轻伤”、“航班起降正常”等信息，并表示已经第一时间成立工作组，对机场进行排爆防查。17 日，公安部门发布的事件调查结果也被有效传播出去。

但是，官方公布的“礼花炮燃爆”的结论未能赢得舆论信任，这与青海机场有限公司对于当日在媒体舆论场及微博舆论场蔓延的“电瓶充电器爆炸”、“不明物体爆炸”等猜测性信息未能加以有效阻止和引导有极大关系。

是什么束缚了青海机场有限公司的手脚，致使相关新闻被转发数百条、微博舆论场质疑声四起呢？很显然，未能第一时间开通官方微博，并第一时间回应舆论关切，安抚社会情绪，是致使官方被动的主要原因。官方声音的缺席，导致“电瓶充电器爆炸”说法由最先的“目击者声称”在舆论认知层面发展为“确切消息”。

事实上，作为事发后第一场官方新闻发布会的组织者，青海机场有限公司一定程度上已被媒体与舆论默认为该事件官方信息的最主要来源，因此，青海机场有限公司应当在公安部门全力调查爆炸原因并保障机场安全之余，更为主动地分担舆论压力，加强舆情监测，核实网络传播信息，把握舆论关注点，并积极与媒体沟通，及时更新事件进展情况，更应当及时开通官方微博账号，把握信息发布自主权。

广州公交纵火案

@广州交通尽微力

7月15日19时46分，广州市海珠区广州大道南敦和路口一辆301路公交车爆炸起火。网友“@大钟里的猴子”于19时49分发布微博，“广州大道南敦和站公交车爆燃，我在这里”。随后，@南都广州于20时12分发布“即时消息”报道情况，并配以现场照片。“今晚8时许，广州大道南敦和公交站北往南路段，一辆301公交车突然爆炸起火，南都记者现场看到至少两名伤者，目前公交车烧剩铁架子，场面混乱。”此消息在微博平台上“炸开了锅”，“#广州公交爆炸#”话题的阅读量近2000万，评论量达到5万条。

各大媒体也随时关注事件进展，报道主要集中在爆炸现场最新情况、伤员救治、引发爆炸原因、公交爆炸起火自救等4个方面。@央视新闻15日21时12分发布微博称，该事件共造成2人死亡、33人受伤，据广州警方初步了解，起火原因是有乘车人员携带违禁品所致。

7月16日11时47分，广州警方在白云区抓获犯罪嫌疑人欧某。随后，欧某供述了纵火事实。

在这场公共突发事件发生后，广州警方从接到报警电话到扑灭现场明火，仅仅用时17分钟，此种高效行为及时缓解了舆论压力。同时，当地政务微博@广州公安、@平远公安、@广东发布、@广州消防等也积极通报事件进展及伤亡人数，减少了不实言论的扩散。

而交通机构微博方面，广州公交集团并未开通官方微博，@广州交通则仅是转发了一条@广州献血的微博，呼吁市民为伤者献血，算是尽了绵薄之力。但是，很显然，交通官方微博的“缺席”和“略尽微力”，在汹涌而来的舆情和人心惶惶的网友面前，实在有待改善。

@厦门市智能交通控制中心
迅速跟进态度平和

由此，笔者不禁联想到2013年的厦门BRT公交爆炸案，@厦门市智能交通控制中心在信息跟进和舆情引导上就采取了积极主动的态度，第一时间播发现场信息。

事故发生后几分钟，@厦门市智能交通控制中心就播发了路况消息：BRT金山站出事故了，大火冲天，配发了现场图片，并@厦门交通广播、@厦门警方在线进行扩散；随后还连续播发了多条消息，从小编角度提醒市民慎行，让出施救道路；积极转发@新浪厦门、@厦门日报等媒体微博，播报现场救治情况，安抚网民情绪。

如回复网友"@不用问我叫什么名字"："小编也有在听广播，其间确实有呼吁大家让路。发生这种事情大家心情都很沉重，厦门加油~受伤的人挺住~逝去的人安息。"平和的态度和及时的信息更新，为一直以来粉丝寥寥的@厦门市智能交通控制中心官方微博赢得了大量网友的关注，也为后续舆情处置赢得了先机，值得广州公交集团和青海机场有限公司学习和借鉴。

◆作者：人民网舆情监测室　◆执笔：吴素红

（原载于《中国交通报》2014年8月29日　3版）

鲁甸地震　高校开学　老外晕倒
交通微博8月很忙很努力

鲁甸地震，铁路机构微博积极行动；“老外晕倒”，上海地铁呼吁乘客“遇事冷静”；“泥巴糊涵洞”，中国铁路总公司及时回应知错就改；开学季，北京地铁公司发布“地铁线路图高校版”……8月份，在舆论热点、焦点下，交通机构微博表现努力、走向成熟。

鲁甸地震

铁路微博及时发布救灾信息

2014年8月3日16时30分，云南省昭通市鲁甸县发生6.5级地震，这一场天灾，让本来默默无闻的一个小县走进了公众的视线，牵动了十几亿国人的心。

灾情就是命令。灾难发生后，社会各界都伸出了援助之手，铁路系统也上下联动，迅速出击，共赴一场生死营救。

成都铁路局官微 @ 西南铁路第一时间发布了地震快讯，8 月 4 日开始，又发起“鲁甸地震，铁路在行动”微话题，平均每 10 分钟发布一条微博，语言简练，内容翔实，陆续将成都铁路局抢险救灾的人员、车辆、物资等部署工作和进展情况发布出来，并转发央视新闻的官方微博，实时告知地震救灾现场的救援情况和天气情况，还发布了“地震来了，我们怎么办”等避震知识。

成都铁路局下辖的内六铁路是通往灾区的“生命通道”，为确保大动脉安全畅通，成都铁路局成立抗震救灾调度指挥台，对内六铁路部分区段实行临时管控，适时调整列车运输组织方案，优先办理救灾、救援列车。在全力救灾的同时，成都铁路局通过 @ 西南铁路向外界公布该局救灾物资运输受理专线，全天候办理社会各界通过铁路发往灾区的整车救灾物资。

随后几天，@ 西南铁路陆续发布有关伤员运送情况、列车停运改签、救灾专列开行等信息，获得包括《人民日报》、新华社、中央电视台等中央级新闻媒体在内的关注。

除成都铁路局外，在中国铁路总公司的号召下，昆明铁路局、南宁铁路局、广州铁路局、北京铁路局等铁路部门也全力以赴，确保救灾物资以最快速度运往灾区。@中国铁路等铁路官方微博也及时发布相关信息。

8月24日，云南鲁甸地震灾区的36名学生乘坐昆明至成都K854次列车离开昭通站，前往成都，然后转乘T8次列车赴北京读书。成都铁路局提前准备，用精心的服务呵护震区学子踏上温馨旅途。

铁路铺起了灾区人民的希望，@西南铁路、@中国铁路的爱心接力，传递出时代的正能量。

开学季
@北京地铁发布高校版线路图

8月底，一批满怀憧憬与梦想的准大学生奔赴全国各地，走进大学校园。但许多新生和家长会为复杂的城市交通而困惑苦恼，尤其是在高校林立的北京。

因此，8月27日，北京地铁公司官微@北京地铁发布了一份“地铁线路图高校版”，为新生和家长指点迷津。虽然供图上有些瑕疵，但@北京地铁体贴入“微”的做法依然获得网友们的热赞。网友“@巖巖高”回复称：“小编很努力啊，制作得不错，辛苦啦！”

老外晕倒
@上海地铁 shmetro 呼吁“要冷静”

“老外在上海地铁内晕倒，乘客十秒钟跑光”，算得上8月份在网络上引起巨大反响的舆情事件。

8月20日，《解放日报》发文称，上海地铁方日前披露两起典型乘客惊慌案例，一则是“老外晕倒3节车厢乘客逃跑”，一则是“女乘客手机冒烟引发乘客慌乱逃窜”，并借此呼吁“乘客遇事莫惊慌”。

这两则案例在后来的媒体报道中引发误读，舆论焦点多集中在“无一人相助”、“乘客跑光”、“仓惶逃窜”等方面。上海地铁迅速通过官方微博@上海地铁shmetro进行回应，称“有乘客寻助”、“站务员上车时，该男子已恢复正常”，舆论所说的“无一人相助”并不属实。

@上海地铁 shmetro 还提醒，遇到类似的突发事故，乘客应保持冷静、理性处置，盲目跟风可能诱发次生事故；及时发布“乘客晕倒怎么办”的提示微博，再次提醒乘客“不要惊慌”。

@上海地铁 shmetro 的迅速回应，一定程度上阻止了负面情绪泛滥，并引导舆论开始理性看待此事。《人民日报》

8 月 22 日刊登一则来论，呼吁“要冷静不要冷漠！”有网友也据此呼吁，如果发生突发事件时正好站在最前沿，应该做冷静的“第一人”。

当然，如果在这些事件中，不但有“安民告示”，而且各种突发情况的应急机制立即到位，成为制度化的常态，也许乘客们就能够淡定处之。

◆作者：人民网舆情监测室 ◆执笔：吴素红

（原载于《中国交通报》2014 年 9 月 29 日 8 版）

双“微”平台让铁路部门更接地气

随着“微时代”的全面到来，“微博”、“微信”已经成了大众化的交流沟通工具，人们通过微博、微信等新媒体平台获取服务资讯的需求也日益增长。各级铁路交通部门大多与时俱进，相继开通了官方微博、微信平台，一定程度上拉近了与公众之间的距离。而且，一些铁路部门还积极通过增设微话题、开展微活动等方式，增强官方微博的吸引力。铁路部门双“微”平台新服务模式的使用，体现了时代的特征，使得交通机构的形象更接地气，让公众感受到了细致入“微”的贴心服务。

@南昌铁路

微直播沪昆高铁南昌至长沙段开通

在《2014年上半年新浪政务微博报告》中，@南昌铁路获评“十大交通机构微博”称号，不仅是因为@南昌铁路微博头像的设计紧贴南昌铁路局工作特色，直观鲜明；而且其设置的微博话题如“#昌铁微事#”、“#有票天天报#”、“#昌铁文化圈#”等内容都能满足广大旅客的需求。在沪昆高铁南昌至长沙段开通之际，@南昌铁路再次给公众带来惊喜。

9月16日是沪昆高铁南昌至长沙段开通运营的日子，南昌铁路官方微博的小编于9月14日就提前奉上了精心准备的“沪昆高铁 快意江湖”的微博话题，对将进行现场全程微博直播一事做了预告。该微话题刚一开通，就受到了网友的热捧。短短几个小时，该话题就进入新浪热门话题榜前100位。网友“@哈哈ama1gc9y0”留言：快意江湖来去如风，以后回家要快速很多了。网友“@删帖者猪狗”则说：坐个高铁这么萌，活动这么有意思啊。

为了最大程度利用双“微”平台向公众汇报沪昆高铁南昌至长沙段开通运营情况，南昌铁路官方微博团队采取了线上线下互动、“集团作战”的微直播方式。以南昌铁路局官方微博为主，依托@中国铁路大网络平台，以@江西南昌火车站、@南昌客运段、@南铁宜春车务段等各站段官方微博为辅，充分发挥沪昆高铁沿线站段官方微博的作用，将各车站旅客进站候车、旅客乘首趟车的心情及沿线旅游风貌等信息一一进行呈现，而客运段官方微博则对首趟开通的高铁动车上所有服务、表演、互动活动进行微直播。仅9月16日当天，围绕沪昆高铁南昌至长沙段的开通运营，@南昌铁路就发布或转发相关微博近百条，陆续推出《沪昆高铁南昌至长沙段开通运营纪念图册》公开发行、南昌西站寻找高铁中的“英雄”有奖答题比武活动、美丽高姐“微笑操”、高铁列车上的爵士舞表演、“谁是最美高姐”网络投票活动等内容，吸引网友关注并参与，最大限度地将沪昆高铁开通的方方面面展示给公众。

值得一提的是，@南昌铁路还开启了全媒体互动直播，与《人民日报》、《经济日报》、中央电视台、新华网、《江西日报》、江西网络台、江西交通广播、新浪江西、人民铁道等中央及省部级媒体官方微博进行有效互动。全程共发布原创图文稿件44篇，转评微博67条，引来围观网友近百万人次，当天微博的转评量达万余次，让沪昆高铁南昌至长沙段开通的意义、亮点透过网络得到全面展示，在网络上引起较大反响。

@南昌铁路在双“微”平台上的成功推广，让公众充分感受到带着鲜明时代特色的高铁速度，也让公众及时了解和分享了沪昆高铁南昌至长沙段的海量信息，特别是对高铁开通后将带来的公众出行便捷、沿线各地经济发展的巨大变化有所了解；更让公众感觉到与铁路部门的距离更近了，铁路部门的服务更贴心、更接地气了。网友“@激昂江and了遏樂”说：沪昆高铁，真霸气，奇迹的纪元。铁路真是好样的！

@新疆铁路
铁路版《小苹果》是娱乐更是宣传

9月初，一段新疆铁路版《小苹果》视频在网上走红，受到网友热捧，新疆电视台和新疆官方微信进行了转播，凤凰、腾讯、优酷、搜狐、土豆、爱奇艺等多家视频网站纷纷转载。这也引发了南宁铁路局、西安铁路局版《小苹果》视频的上传高潮。

这段视频由乌鲁木齐铁路局8月27日在其官方微博@新疆铁路上发布，据9月份不完全统计，这段视频在各大视频网站上的总点击量累计突破50万人次，其中腾讯视频的播放次数达 22 万次之多。

网友纷纷点赞。网友“@草原大漠雪狼”说：扎根边疆的铁路人，朝气蓬勃，活力四射，无怨无悔，了不起！网友“@何必 1111”说：新疆铁路人，新活力新形象！网友“@小兔子是长颈鹿的玻璃心”说：太可爱的一群新疆人，我爱我的家乡，我爱大美新疆。

据了解，新疆铁路版《小苹果》视频，是由乌鲁木齐铁路局 10 个站段 30 多个工种的铁路一线职工自编自演的，他们将时下流行的神曲《小苹果》，融入新疆高铁、北疆之星城际列车、铁路车站等元素，穿插了铁路站车服务、设备检修等日常工作画面，利用工厂车间、工作间、公共场所等空地表演拍摄，虽然舞姿和拍摄都略显稚嫩，但完全是工人师傅们自己的“作品”。

参与演出的库尔勒机务段职工马吉成说：“我们演的《小苹果》在新疆电视台播出，第一次在电视上看到自己的身影，看到画面中自己每天检修的机车，虽然是自娱自乐，但心底涌出一种自豪感。”

这段视频之所以能风靡网络，引发网友热议，是因为在公众心目中，铁路部门是严肃甚至有些呆板的代名词。而新疆铁路版《小苹果》彻底颠覆了铁路的古板形象，并将高铁、城际列车、铁路车站、工厂车间、工作间、公共场所等元素，及铁路站车服务、设备检修等日常工作画面融入拍摄，在娱乐的同时起到了更好的宣传效果，展现了铁路人自身的形象。

正如网友“@青柠柠的火车梦”所说：新疆铁路版《小苹果》是时下流行的“草根文化”的代表，紧跟网上娱乐风向标，朴实无华接地气，很好地展现他们自身的形象，点赞！

这让笔者不禁联想到此前不久，中国南车在网络上推出的同样受到网友追捧的高铁科普类Flash视频《高铁的前世今生》，两者同样“朴实无华接地气”，堪称异曲同工。

◆作者：人民网舆情监测室　◆执笔：吴素红

（原载于《中国交通报》2014年10月27日　3版）

把官微打造成有效的发声器

前些年，在微博舆论场上，交通运输部门被网民“围观”和“吐槽”时，常常出现不知所措或答非所问的情况。

随着交通微博的发展，部分官微已度过探索期、成长期，进入常态运营阶段，微信和微博“双微”平台打通运营也已成为不少交通运输部门的积极尝试。

如今，面对负面舆论，一些交通运输部门越来越多地把官微当成了有效的“发声器”和应对突发舆情“微公关”的利器，及时澄清谣言，主动回应网友吐槽，提升了舆情应对和危机公关的效率，维护了交通运输部门的形象。

@南昌铁路

辟谣列车脱轨传言

2014年10月5日17时28分，一条有关“萍乡至南昌高铁脱轨”的微信在网络上热传。该微信称：“听说高铁脱轨了，就在现在，17点16分！斜在轨道上据说，萍乡到南昌这段路，好像是撞到什么东西了，求证实。”该网友还提供了一张与“知情人”聊天记录的截屏。

10月6日，《江南都市报》编发了该新闻。文章称，记者联系南昌铁路局，相关人员表示，3日确实有一例高铁紧急制动事故，一乘务员在列车长休息间不小心按下紧急制动开关，列车突然降速骤停。新闻随即被大江网、腾讯网等网络媒体转发。

南昌铁路局关注到此消息后，很快做出了官方回应。6日10时44分，南昌铁路局官方微博就此事发布消息表示：10月6日上午，网络上有传言称10月5日萍乡至南昌段高铁列车脱轨，并称10月3日该区段曾发生过故障。经南昌铁路局核准，此传言为虚假信息。10月份以来，南昌铁路局管内沪昆高铁运营正常。请广大网友切勿信谣传谣。

该事件一方面再次引发了我们对网络谣言传播的思考，

另一方面也是对铁路运营部门舆情应对能力的一次检验。南昌铁路局在这次的危机应考中表现还是不错的，短时间内就通过官方微博正式回应了此事，并号召大家不要信谣传谣。

快速正面的回应有效遏制了谣言的扩散，也维护了南昌铁路形象。人民网、中新网、央广网等主流媒体纷纷刊发题为《网传萍乡至南昌段高铁列车脱轨　回应称系谣言》《南昌铁路局：萍乡至南昌段高铁列车脱轨系谣言》的即时消息，《赣西晚报》甚至直接打出“辟谣”的字眼。

网友也纷纷在@南昌铁路留言，表示出对网络谣言的不满。网友“@江南浪子万军”说：“哪个混账小子吃饱饭没事干，大长假散布谣言，唯恐天下不乱，建议铁路公安部门追究原发者责任？”网友“@伤痕抹不去的泪”则直接说：“请大家切勿相信谣言。”

@西安地铁
主动回应网友吐槽

10月16日，西部网刊发《网友吐槽西安地铁商业味太浓　别误了正事》一文，称网友“@相亲ssdd相爱”反映，“地铁播报五路口站的时候说‘五路口站到了，前往某某眼镜城请从本站下车’，我不知道这眼镜城给了多少赞助，但我认为起码在五路口站应该播报一下西安火车站吧！”该网友认为西安地铁到站播报的商业味太浓，没有真正为大家提供方便。

此言论一出，立即引发众多网友对地铁广告的热议。多数网友表示同意。网友“@睡睡猫爱热带鱼”说：“严重同意！不止五路口，还有些其他站，已丧失它应有的城市导向功能。”网友“@请叫我黄爆33侠”说：“同感，有好多广告和所到站压根没关系。”

@西安地铁看到媒体报道后，没有回避该问题，而是迅速于10月17日下午发布《关于西安地铁语音广告报站的说明》长微博，针对网民讨论的两类意见进行了回应，回应称，语音广告所得收益全部用于补贴亏损，实际上是取之于民用之于民的措施，希望广大市民予以理解和支持。

@西安地铁的主动回应赢得了部分网民的认可。网友“@纠结ing矛盾ing”就回复称：“我个人觉得考虑问题要多方面，地铁已经给市民带来了很多方便，在刚发展和正在扩建阶段更加亏损严重，打些商业广告弥补亏损是正常现象。”网友“@1醒醒1”也说：“打广告也正常，严把广告关就好。”

@广州地铁

提醒乘客勿上当

10月25日14时55分，网友“@子子琅”发布了一条图片微博并@广州地铁：“你家的短信平台被黑了么……”，图片显示，该网友手机收到“广州地铁”发出的提醒乘客获奖的短信内容。

仅仅1分钟后，@广州地铁就对“虚假中奖短信”一事做出了回复：《悠防范：骗子信息，大家不要信》。回复称，“疑似被黑了，大家小心不要中招，具体情况我们正在了解中，给大家造成不便很抱歉。”

值得称道的是，两个多小时后，广州地铁官方微博再次发微博澄清，除提醒大家勿上当受骗外，还发布了具体处理措施，即已经“暂时关闭平台并报警处理”，并且提供了服务热线。

10月26日，《广州日报》刊发“广州地铁短信平台被黑　群发虚假中奖短信”的消息，大洋网、人民网、新浪网等核心媒体积极转发，信息的再次扩散又一次提醒了公众注意。

如此周到细致的提醒，@广州地铁自然能赢来更多的粉丝。

◆作者：人民网舆情监测室　◆执笔：吴素红

（原载于《中国交通报》2014年11月26日　3版）

交通宣传服务逐步进入双微时代

—— 2014 年度交通机构微博盘点

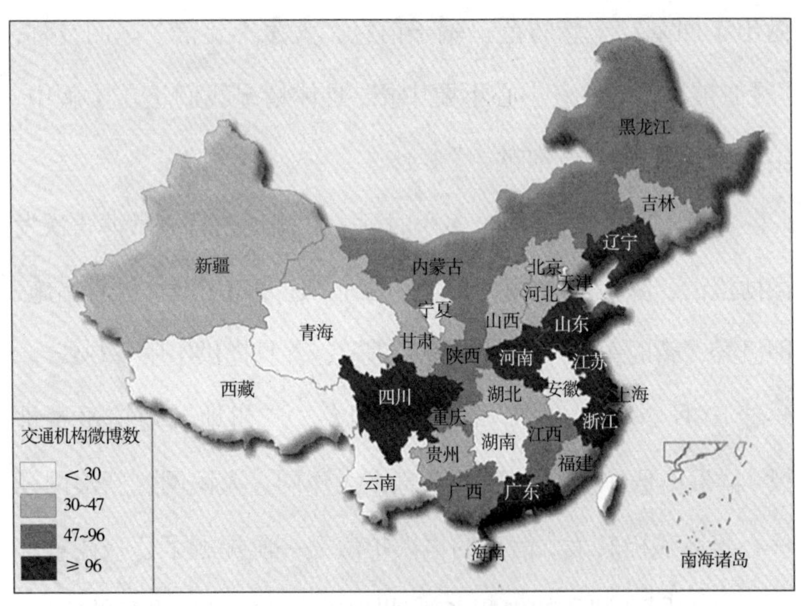

交通机构微博地域分布人文地图

时光荏苒，岁月如梭，转眼间 2014 年即将过去，这一年对于交通机构微博而言，仍是不平凡的一年。

这一年，我国交通系统机构微博新增466家，截至11月25日，总量已达1858家，占全国政务机构微博总量的1.6%，增幅达30.4%，发展速率有所放缓。

这一年，基层交通机构微博继续蓬勃发展，交通运输局、铁路机构微博占据大半壁江山。

这一年，交通机构微博已度过探索期、成长期，规模持续扩大，几成交通运输部门“标配”，许多交通机构还相继开通官方微信，“双微联动”即将步入常态化运作阶段。

这一年，传播“正能量”成为交通机构官微主旋律，机构舆情应对能力逐步提升。如此种种，反映到荣誉层面，便是@北京地铁、@上海地铁shmetro、@交通北京、@南昌铁路、@西铁资讯、@北京铁路、@郑州铁路局、@上铁资讯、@新疆铁路、@中国铁路等官微跻身《2014年上半年新浪政务微博报告》发布的交通机构微博TOP10；@中国铁路、@北京公交集团荣获“全国政务微博十佳应用奖”，得到社会公众和媒体的肯定。

为更好地展现全国交通系统机构微博的发展态势和整体运营情况，人民网舆情监测室从地域分布、行政级别分布、部门类别分布等层面对这1858家交通机构微博进行统计分析，并以图表的形式进行解读。从中再筛选出120家最具影响力和代表性的交通机构官方微博进行分析计算，结合粉丝总数、微博总数、关注率、原创率、是否开通政务微信等7项指标，得出2014年度交通系统机构微博排行榜TOP20。

一、2014年度交通机构微博发展状况解析

1. 2014年发展势头略微放缓

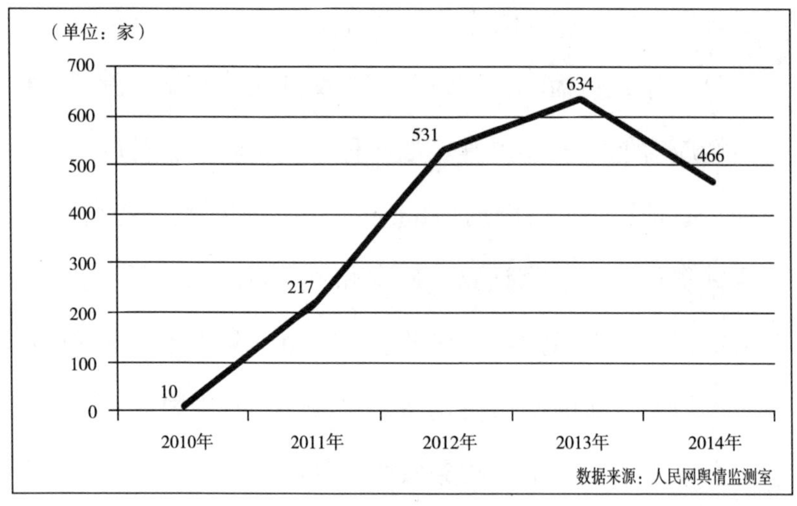

交通机构微博年度发展趋势图

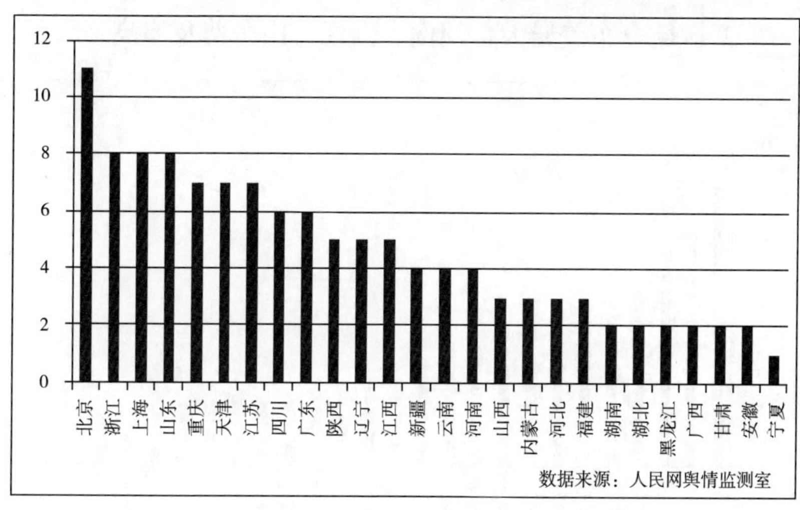

交通机构 TOP120 微博地域分布图

从交通机构微博年度发展趋势图来看，与微博发展的社会大趋势基本保持一致。2010 年尚属交通机构微博的起步阶段，仅有 10 家交通机构开通“官微”。2011 年开始，交通机构微博进入到发展的快车道。2012 年和 2013 年是交通机构微博的蓬勃发展时期，年增量达五六百家。进入 2014 年后，受微信迅猛发展态势的影响，交通机构微博的发展势头略微放缓，共计新增 466 家。与此同时，许多交通机构在 2014 年相继开通了官方微信，实现双微联动，这也意味着，交通机构的新媒体应用将逐步进入“双微时代”。

2. 区域分布差异大，河南、浙江、山东普及率高

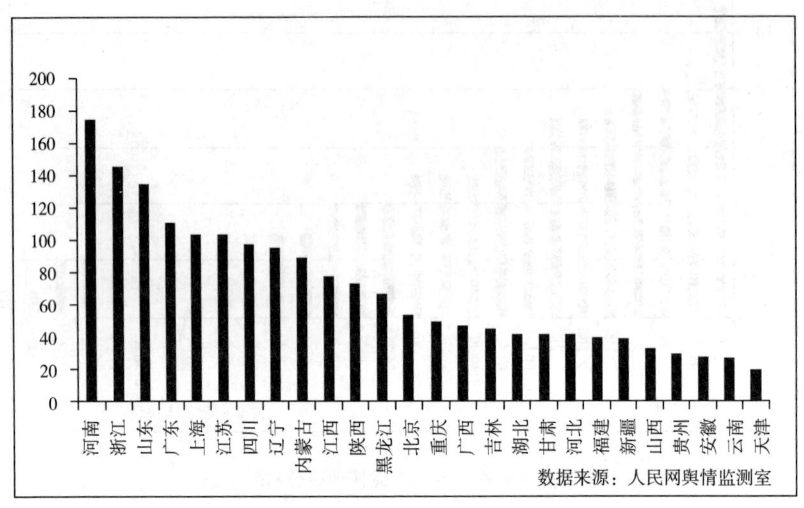

交通机构微博地域分布图

从交通机构微博的地域分布来看，除港澳台未做统计之外，其覆盖范围已涉及全国31个省、自治区、直辖市，其中，河南、浙江、山东、广东、上海、江苏等省、直辖市的交通机构微博数量均超过100家，河南省以175家的交通微博数高居第一位，浙江、山东紧随其后，分列第二、三位。

而且，从地域分布的人文地图上来看，目前，全国交通机构微博的区域分布数量的差异化仍比较明显。其中，东南部沿海及四川腹地的覆盖率较高，中北部地区紧随发展，而边远地区的西藏、青海、云南等地则相对较少，仅有几家交通机构微博开通，尚需突围。

极端值之间的差距比较大，例如，排名第一的河南有175家交通微博，而排名最后的西藏地区仅开通2家，仅为河南的1.1%。此种情形与区域经济发展不平衡的大环境有极大关系。

值得一提的是，作为中南部内陆地区的四川省，其交通微博的开通率相对较高，达98家，除省会成都外，四川达州、四川德阳、四川雅安等地的交通运输部门、铁路部门也都开通了官微，目前已形成以@四川交通为核心的，包括@西南铁路、@成都地铁、@成都火车站等多家机构微博在内的微博路网，其中@四川交通的粉丝数量已超过54万，@西南铁路的粉丝数量也已近70万。而且，自2014年3月25日始，四川省交通运输厅微信平台“四川交通新闻”也已开通试运行，成为蜀道交通路况发布、预警的有效平台。

从交通机构微博影响力TOP120的地域分布可以看出，北京、上海、重庆、天津四大直辖市及浙江、山东、江苏、四川、广东等经济较发达地区的交通微博活跃度高、影响力较大。

3. 发布积极性两极分化，26.7% 的交通机构微博发博数不足三位数

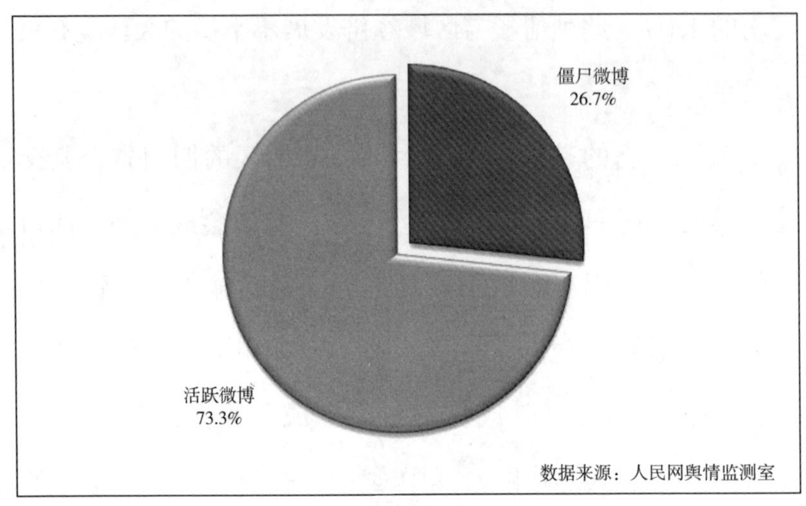

交通机构微博僵尸微博比例图

从对交通机构官微发博数的统计数据来看，有 26.7% 的交通机构发博数未能超过三位数。如 @ 太铁太原北站微博发布数为 13 个，粉丝数为 10 个。其中 9.6% 的“官微”发博数仅为个位数，如 @ 六合交通、@ 安阳车站等。更有极端的情况是，如 @ 台州交通局、@ 湛江海事局等 30 家交通机构微博的微博发布数均为 0。

而从这些微博的开通时间来看，也已有半年甚至一年之久。如 @ 曹妃甸交通、@ 云和县交通运输局的微博开通已达一年，微博竟仅仅更新了 2 条和 5 条，实属“沉默寡言”。

这些“连话都懒得说”的官方微博，自然吸引不了粉丝“驻足”。如此多的“僵尸微博”长期存在，所导致的必将是政府公信力的受损，值得引起重视。

4. 基层交通微博蓬勃发展

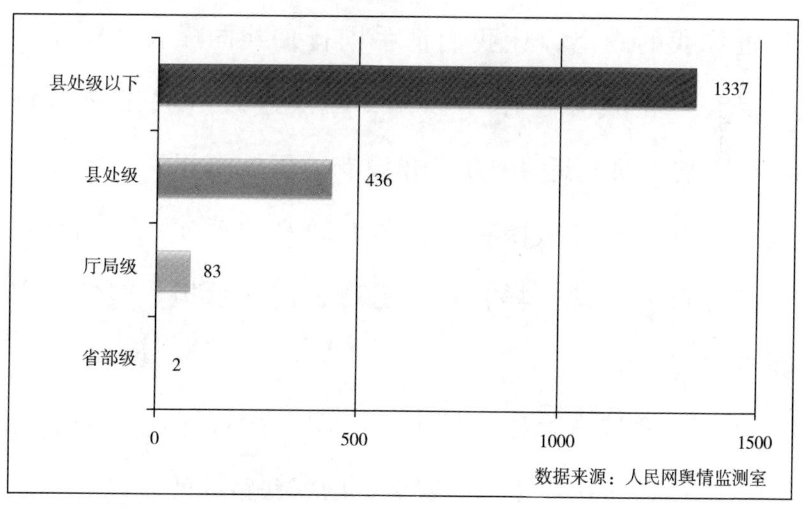

交通机构微博行政级别分布图

从交通机构微博行政级别分布图中可以发现，基层交通机构微博蓬勃发展，县处级以下级别的基层微博达1337家，占交通微博总数的72%，成为交通机构微博的中流砥柱。

省部级交通微博的队伍里终于迎来了一位新成员，它就是国家铁路局官方微博@铁道政言，它的加入使得@中国铁路终于不再“孤单”。

2014年6月16日15时47分，@铁道政言发出第一条微博："@铁道政言今天正式运行啦！很高兴与亲们相识。我们将致力于发布政务信息和提供各类铁路资讯，希望能成为您了解铁路的窗口。关注@铁道政言，拉近你我的距离，让我们携手同行，共同成长，快乐在一起！"正式开通半年以来，@铁道政言共发布微博400余条，粉丝近90万，开设有"国铁资讯"、"世界高铁微知识"等微博栏目，收获较高的关注率。而且，与多数政务微博一样，@铁道政言同样承担了舆情应对的职责。

9月10日，针对网上有关火车票退票费调价信息公开的议论及@董正伟律师的起诉，国家铁路局就通过@铁道政言做出回应，称"国家铁路局不是铁路价格主管部门，没有任何铁路运价及客货运杂费审批职责。"对董正伟申请公开的"与调价相关的政府定价信息和退票成本信息"，国家铁路局没有相关信息可以提供。9月20日，国家铁路局再次通过官微公开声明："关于董正伟诉退票成本等信息公开一案，国家铁路局已依法提起上诉。相信法院会充分尊重客观事实，依法公正审理。也希望媒体客观公正予以报道。"

5. 交通运输局铁路机构微博逾八成，航空机构仅占 2.7%

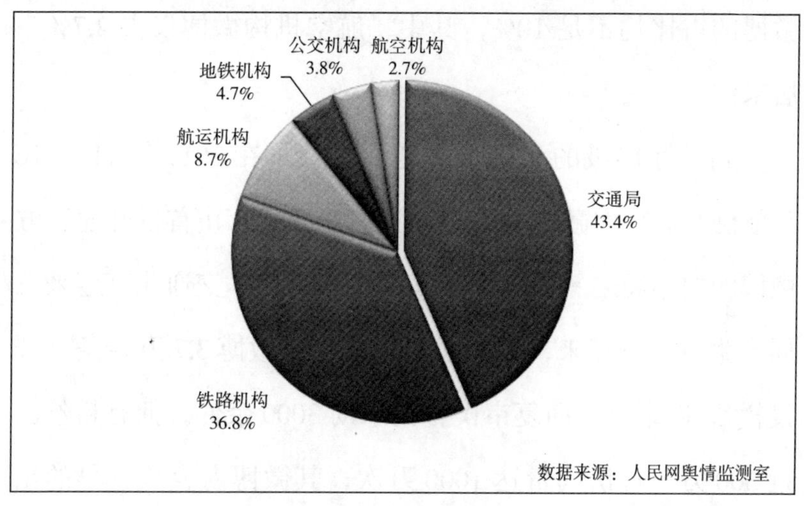

交通机构微博部门分布图

从交通机构微博的部门分布统计结果来看，2014 年，全国各地的交通运输局微博如雨后春笋般涌现，@ 江宁交通、@ 达州交通、@ 安阳交通、@ 六合交通等 300 多家县处级及县处级以下的交通运输局微博相继开通，交通运输局微博总数达 800 余家，在微博总量中的占比大大增加，达 43.4%，位居第一。

其次为铁路机构微博，虽然 2014 年铁路机构微博新增不足百家，增幅仅是 2013 年的 35.6%，但仍占交通机构微博总量的 36.8%。

以上这两类微博的占比超过交通机构微博总量的 80%。

此外，航运机构、地铁机构、公交机构、航空机构等微博的占比均不足10%，其中，航空机构微博仅占2.7%，居末位。

属于厅局级的北京市交通委员会早在2011年11月16日就已开通官方微博@交通北京，也是北京市首批开通官方微博的委办局之一。2014年11月16日，@交通北京迎来三周岁生日。三年来，@交通北京共发布微博3.7万余条，开设栏目50余个，回复市民咨询求助3000余件，拥有粉丝已近300万，日访问量达1000万次；其微博内容从一早的出行提示，到全天候的“实时交通”、“高速路况”、“路况播报”、“一路同行”，出行服务信息覆盖每一时、每一刻，极大方便了市民出行。因其24小时不下线，实时发布出行信息，被网友称为“最勤奋的官方微博”，也被列为有名的“京城四大V”之一。

此外，2013年5月，@交通北京还牵头建立了北京市交通领域中第一个微博集群“北京交通微博平台”，整合了北京交通运输行业60余个新浪微博账号，构建起了微博发布团队和新型的网络联动体系。通过平台，公众能更加方便快捷地了解北京交通系统的政务资讯、行业动态、出行信息。平台在服务百姓出行，倡导文明交通、绿色出行方面发挥了积极作用。截至2014年11月，“北京交通微博平台”粉丝已突破1200万，成为北京交通行业阵容庞大的微博矩阵。

据最新的媒体报道称，为了更好地向市民提供综合性、即时性出行信息和交通服务，北京市交通委员会正筹备手机APP和微信公号这两项服务渠道，计划于2015年上半年正式亮相，未来市民可通过微信查询公交、地铁、省际客运等出行信息。

6. 120家活跃交通微博中，半数以上开通政务微信

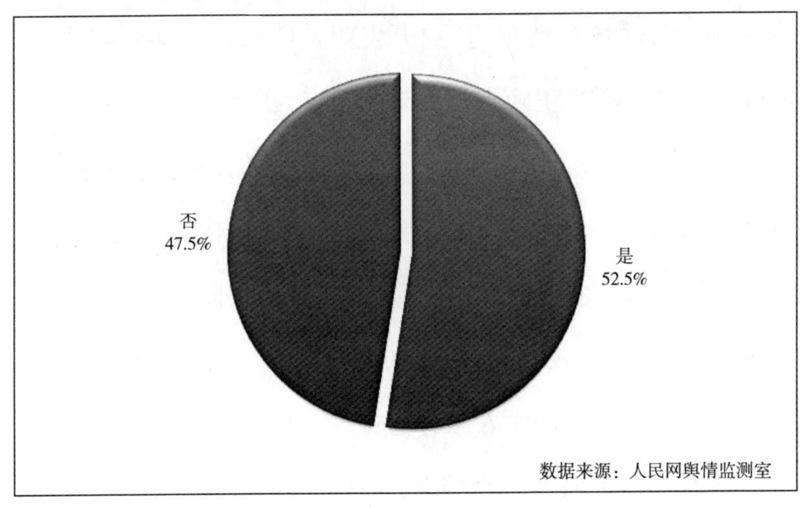

交通机构微博影响力TOP120政务微信开通情况图

从筛选出的120家交通机构微博的来看，有63家已开通政务微信，开始使用“双微平台”为公众服务，占比为

52.5%，较去年77%的未开通率有了很大程度的改观。

而且，从政务微信各部门开通的情况可以看出，相比之下，铁路机构、地铁机构和航空机构开通微信的比率较大。尤其是铁路部门“双微平台”新服务模式，使得交通机构的形象更接地气，让公众感受到了细致入“微”的贴心服务。

以成都铁路局“双微”来说，其官方微博、微信不但全时段发布铁路信息，第一时间答复旅客有关购票、列车正晚点等问询，还为旅客提供“微求助”服务，多次帮助旅客找回失物。官方微信“铁有用”更开发了铁路信息自动查询系统，可查询余票、列车正晚点、时刻表等，功能性极强。

不仅如此，成都铁路局官方微博、微信还首创性地推出双胞胎姐妹花严华、严艺作为“双微”形象代言人，她们活跃在客运一线，在真诚推广“双微平台”的同时，也让更多旅客享受到了铁路贴心、周到的服务，使“安全、方便、温馨”的铁路出行理念更加深入旅客心中。

再看郑州铁路局，他们于2014年4月正式上线运行“双微”网络服务平台，开设了出行资讯、货运资讯和综合服务三个板块，包含“列车时刻”、“候车资讯”、“余票查询”、“新浪微博”和“郑铁微视”等12个自助栏目，目前该平台的粉丝已达400多万。一位郑州铁路局的“双微”粉丝在网上说:“郑州铁路局的‘双微平台’简直就是一部活生生的‘宝典’，乘火车出行、车票查询、美景美食、旅行常识、温馨提示、货运办理等信息应有尽有，只要关注郑州铁路局‘双微’，只需指尖轻动，就可将各种信息一览无余，让您火车出行不再愁！”

二、2014年度交通机构微博运营点评

1. 传递“正能量”，成交通机构官微主旋律

“弘扬主旋律，传播正能量”是习近平总书记在全国宣传思想工作会议上的重要讲话精神，也是做好新形势下宣传思想工作的实践指南。交通微博也在日常运营中践行了这一核心思想。

2014年春运时节，@中国铁路牵头18家铁路局、26家火车站站段官微推出了“伴你春运回家路”2014铁路春运微博服务大厅，为乘客提供实用的春运资讯服务，以更务实、高效和温馨的姿态温暖广大旅客的回家之路。

@沈阳铁路精心制作春运沙画宣传片，给旅客送上温馨提示。

还有，在8月份云南鲁甸发生地震后，成都铁路局官微

@西南铁路第一时间发布了地震快讯，同时又发起“鲁甸地震，铁路在行动”微话题，及时传递灾区消息、快速运送救援物资、爱心接力护送学子等等，无一不传递着全社会的“正能量”，传递着人与人之间的关爱。

正如一位交通微博运营人员所说的那样：“微博之力不微薄，让微博成为传递生活正能量的一个特殊渠道。”

2. 在社会突发舆情事件中，@中国交通报勇担重任

众所周知，2014年3月，发生了一件牵动世界亿万人心的突发事件——马航MH370事件。在交通运输部未开通官方微博的情况下，作为交通运输部信息出口之一的@中国交通报积极承担起重任，除每日发布从交通运输部独家获取的消息外，还坚持发布或转发与马航失事飞机有关的各种救助信息和进展，并上传《中国救捞宣传片》视频资料，让公众感受海上救助的艰险，这些微博内容都及时满足了媒体和公众的信息渴求，许多媒体因此将@中国交通报作为第一消息源。@中国交通报的积极行动也为自己赢得了高关注度。截至目前，其粉丝总量超过68万，一举奠定了交通领域专业媒体大V的地位。

3. 机构舆情应对能力提升，官微渐成有效发声器

近年来，交通运输业安全类的舆情事件频发，如上海地铁电梯逆行事件、北京地铁夹人致死事件、西宁机场停车场爆炸事件、广州公交爆炸事件等等都成为舆论关注的焦点，所牵涉到的交通机构也难以避免地被卷入舆论漩涡，这就对交通机构的舆情应对能力提出了挑战。

与以往“不知所措”和“答非所问”的情况不同的是，经过这两年的发展，一些交通机构微博已逐步掌握了舆情应对的基本原则，越来越多地把官微当成了有效的发声器，基本能做到第一时间发声。

如在“上海地铁逆行事件”中，涉事的上海申通地铁集团在事件发生后的 2 小时内，就通过官方微博 @上海地铁 shmetro 在新浪和腾讯两大微博平台上同时发布长微博，及时通报伤者情况及后续安全排查等措施，其表现出来的诚恳态度、解决问题的效率赢得了舆论认可。

4. 交通“微”服务更接地气，“双微合璧”更趋明显

随着互联网技术发展，新产品出现，政务微信也随之诞生。政务微信成为继政务微博之后，又一重要的新型社交媒介。

早在 2013 年 10 月，国务院办公厅便印发文件，要求各地区各部门积极探索利用政务微博、微信等新媒体及时发布权威政务信息，积极回应社会舆论关切。2013 年，就已有多家交通机构开始尝试政务微信与政务微博的共同运营，2014年，更多机构陆续开通政务微信，“双微合璧”趋势更加明显。

交通机构已经不仅仅满足公众信息需求，而是在提供便民服务方面更进了一步，典型的如北京公交集团、郑州铁路局、成都铁路局、天津地铁等。从3年前交通微博在微博上慢慢崛起，到如今纷纷入驻微信平台，交通机构拥抱自媒体形成“双微”互动已成发展趋势。

5. 谣言事件多发，多渠道辟谣成“规定动作”

网络是谣言传播的主要渠道，2014年就发生了多起有关地铁、铁路的网络谣言，如京港地铁试车冲出轨道被传运营时脱轨、杭州地铁乘客发癫痫被传打架斗殴、深圳地铁疑似精神病男子喧哗被传砍人、上海地铁1号线因触网故障产生异响及火花被传为爆炸等。在当下这种新媒体环境中，网络谣言传播快、扩散广、影响大，不仅引起全社会的广泛讨论，而且因其频繁发生而增加了人民群众日常生活的焦虑感。

因此，缩短信息封闭时长，并擅长运用官方网站、官方微博、官方微信等多渠道辟谣，应成为交通机构的“规定动作”。

在“京港地铁试车冲出轨道被传运营时脱轨”这一事件中，@京港地铁在事故发生仅1个小时后，就进行了信息披露，先后发布的两条微博都强调了“试车”、“对正线运营未造成影响”这两个关键信息，及时阻止了“运营列车脱轨”的谣言散播，把握了第一信息源，确保媒体进一步报道中直接将“不影响正常运营”的信息带出，扭转了对自身不利的局面。

6.“借台唱戏”，创意宣传引关注

如今已是“酒香也怕巷子深”的年代了，因此，2014年以来，各家交通机构也都使出浑身解数来进行自身的宣传推广，除了时不时地“卖萌”、“撒娇”外，也制作动画片、微视频，甚至借助一些社会热点吸引舆论关注。

2014年6月，四年一度的世界杯激情上演，迅速成为世界关注的焦点，北京地铁4号线以32支球队命名、深圳地铁公开发售2014巴西世界杯纪念票、杭州地铁开通世界杯专列等“创意秀”也都或多或少地借“打擦边球”的机会提升了知名度。

2014年8月，借助神曲《小苹果》旋风，乌鲁木齐铁路局10个站段30多个工种的铁路一线职工自编自演了一段新疆铁路版《小苹果》，并在官方微博@新疆铁路上发布，赢得了网友的热捧，也引发南宁铁路局、西安铁路局版《小苹果》视频的上传高潮。

还有，如@中国铁路聘请专业公司制作《小安铁路安全行》和《为文明出行点赞》系列动画片，并组织指导各铁路局拍摄许多微视频来吸引网友关注。

三、2015年度交通机构微博展望及发展建议

1. “双微平台”将更多出现

业内人士分析，微博作为信息平台具有强媒体属性，一直是政府信息公开的重要平台，而微信是服务平台，侧重服务属性，为政府便民服务提供了广阔空间。通过微博和微信平台服务两种不同群体，双微互动能有效提升广度和深度。

据了解，政务微信公众平台正以每月1000个的数量在增长，政务微信已经迎来了一个蓬勃发展的时代。因此，打通微博、微信两个舆论场，实现“双微联动”、协同发展，已经是大势所趋。

从2014年部分交通机构开通“双微平台”的实际效果来看，都在信息公开和便民服务两个层面取得了不错的成绩。预计2015年，交通部门的“双微平台”将更多出现，公共

服务能力将进一步提升。

2. 微博内容生产要有趣有料，应加大主动设置微博议题的力度

综观那些“人气微博”，我们可以发现，通常其发布的微博内容要么是“有料的”，要么是有趣的、个性化的。“有料”就是有“干货”，能为公众提供有价值的或者是独家的信息。有趣就是内容要有意思，这样才能吸引网友。

因此，要想获得关注度，就要在内容生产上下功夫，主动设置微博议题，比如@浙江公路推出的“美丽公路”、@新疆铁路拍摄的《小苹果》视频等，都俘获了不少粉丝。

3. 合纵连横，应积极与上下级或本地区微博大V形成联动机制

每一个交通机构微博都不是孤立的，都有自己的上下级单位或是同行业者。正如已经实现集群化运作的中国铁路微博矩阵那样，7月1日“直击铁路7·1大调图”百家官微微直播活动，就是@中国铁路带领全路上百个账号共同完成的，引发网友6000余万次参与，形成集中宣传效应，“集团军”作战模式尽显威力。

因此，建议2015年交通机构微博不再各自为营，而是积极寻求联盟，结交本地区或者本系统内部的微博大V，形成联动机制，依托资源优势，扩大自身影响力，同时也能更好地服务公众。

4. 应以地区或系统为单位，定期清理或整改“僵尸微博”

截至2014年底，交通机构微博也已开通近2000家，在政务微博大军里也占有了一席之地，然而，根据此前的数据统计来看，有近三分之一的交通机构微博几个月没有一条更新，算得上是网友口中的“僵尸微博”。

这些“僵尸微博”的存在一定程度上影响了政府的公信力，其滥竽充数的做法也被网友嗤之以鼻。

早在2012年，就有业内专家提议建立退出机制，让其适时下线。尤其是一些当初根本不需要或是未具备条件开通的官微，其开通本身就是一个错误，那么便应该及时改正，适时下线，以免产生更多的负面影响。

因此，建议以地区为单位或者以交通局、铁路等系统为单位，对治下官微进行监督，定期整改甚至关闭不合格的官微。

◆作者：人民网舆情监测室　◆执笔：吴素红

（原载于《中国交通报》2014年12月28日　34~35版）

新政引吐槽
官微释疑解惑理性引导

2014年末，多项交通新政开始施行：12月1日，中国铁路总公司宣布延长铁路客票预售期；12月3日，铁路部门进一步优化退票、改签规则；12月10日，中国铁路总公司宣布开始实施新的列车运行图，这是自2007年以来铁路调图幅度最大的一次；12月28日，北京公共交通正式采用新票制，地铁告别“2元时代”……

这些新政与公众出行息息相关，实施前后都不可避免地引发网友热议和吐槽。如何最大程度地告知公众，如何引导公众理性看待，交通机构下足了功夫。交通机构的官方微博、微信也作为有效的“发声器”，在告知公众、解释政策、引导舆论中发挥了重要作用。

北京公共交通调价
交通委、地铁公司等官微齐发力

2014年11月27日，北京市发改委正式发布北京公共交通价格调整最终方案，新方案于2014年12月28日起正式实施。自此，北京公共电汽车及轨道交通全面涨价，其中电汽车起步价升至10公里2元、轨道交通起步价为6公里3元，使用市政交通一卡通可享受打折优惠。

“涨价”的消息一出，即刻引发网友热议，许多网友发出“这一天终于来了”的感叹。公众除了对“多掏钱”表达不满和抱怨外，也对复杂的票价计算方式感到迷茫，不少乘客面对密密麻麻的价格表直呼“看不懂”，于是纷纷在网上吐槽。

为了保证新政顺利实施，北京市交通委等主管部门、北京地铁运营公司（以下简称“北京地铁”）等交通机构敞开渠道广而告之，并通过新媒体手段为市民提供解惑答疑、票价查询等便民服务。

北京市交通委于2014年12月2日通过官方微博@交通北京发布消息称，为实现2014年12月28日北京市公共交通票制票价调整的全面实施，制定了《北京市公共交通票制票价调整实施工作方案》，明确了35项需要完成的重点工作和完成时间节点，其中轨道交通18项，地面公交17项；针对实施计程票制票价后可能产生的售票、检票、补票、问询及进出站闸机车票异常处理、查堵违规逃票等工作量增大的问题，增加3600名站务人员，做好现场应急工作。

2014年12月15日，北京地铁官方微博@北京地铁宣布，新版北京地铁官方APP安卓版开始公测，用户通过新版APP即可查询全新的北京地铁票价，APP下载的两种途径也在微博上清晰标明。

此外，@北京地铁还专门设置了“票价调整——新版官方APP”板块来统一解答网友们的提问，受到网友们的追捧。有网友回复“千呼万唤始出来”，还有不少“果粉”追问：“iOS版的APP何时可以下载？”对此，@北京地铁回应道，iOS版的审核速度比安卓版慢一些，但已经在进行中，“iOS版上线后一定会再发微博通知‘果粉’们的。”也有部分率先下载了新版APP的网友提出建议：“如果能查询实时信息和线路运营情况就好了。”网友“@快乐冲天豆”则直接提出了新需求：“能否在新版APP中加上3D平面图和各个站点的出口信息？”

北京地铁官网、官方微博、热线电话和APP四种方式都可以查询地铁新票价，极大地满足了新时代网民需求。另据媒体报道称，北京地铁还成立了以总经理为总指挥的指挥机构，并提出了包括员工培训到位、乘客宣传到位、客运组织到位等在内的“六到位”工作标准，以确保公共交通价格调整方案顺利实施。

此外，北京公交集团也宣布，从2014年12月28日起在官网提供公交线路各站里程和票价查询，市民也可通过公交热线、微博微信等方式进行查询。

“延长铁路客票预售期”引吐槽 @中国铁路及时释疑

中国铁路总公司也在2014年年末开始施行一系列新政，如“延长铁路客票预售期”、“启用新的列车运行图”、“优化退票改签规则”等。其中，“延长铁路客票预售期”尤其引发公众吐槽。

中国铁路总公司的官方微博@中国铁路宣布，自2014年12月1日起将互联网售票、电话订票的预售期由20天逐步延长至60天。新政一出，网友似乎并不买账，霎时间吐槽声四起。网友“@姜文来”说：“预售期越长，退票的几率就越大，铁路公司收取退票费是小本万利。”网友“@taitieren”则发帖说：

“你延不延长，假期就在那里，不会变长。”

对此，铁路部门打出了一套“组合拳”，很快便推出了相关的退票、改签规则，@中国铁路也迅速跟上。

@中国铁路于2014年11月30日发布消息称：铁路客票延长预售期后，为了最大限度方便旅客、最大限度让旅客充分利用车票资源，铁路部门进一步优化退票、改签规则。其中，客票预售期延长至60天后，对开车前15天以上退票的，不收取退票费。规则自2014年12月3日起施行。中国铁路总公司相关负责人表示，15天的退票期为车票再次销售留出了较为充分的时间，铁路公共资源能够得到充分利用。

这条消息一出，部分公众为之点赞，之前网上质疑铁路部门提前预售是为了赚取退票费的观点也不攻自破。

政策本身暂且不论，中国铁路总公司通过@中国铁路进行权威发布、及时释疑，赢得了部分媒体的理性评价。《新京报》发文称“延长预售期可稀释集中购票”，《法制日报》则表示“对预售期延长不能习惯性吐槽”。

舆论认为，延长预售期，可以为广大旅客购票提供更为宽裕的时间选择，提早安排出行计划，春运期间也可以分散购票时间，避免抢票现象的发生。更重要的是，公众可以有足够的时间进行对比、权衡，选择“最优”的出行方式。正如网友“@蔷薇般的娜娜”所说：“提前买好往返车票，减少购票次数，可有效节省时间。”网友“@张志辉A1”也表示：让更多的人提前购票、设定行程，在一定程度上缓解了春运期间购票相对集中的难题。

启示

涉及全市乃至全国居民出行问题的重要决策，引发媒体舆论场和网民舆论场热议是必然的，沸沸扬扬的相关舆情从发酵到爆发，从进入高潮到逐步回落，也表明交通机构在备战新政实施、应对相关舆情上还是卓有成效的。

公众也应看到这些年来交通机构为提升公众服务质量所做的努力，不要吝惜赞美之声。

◆作者：人民网舆情监测室　◆执笔：吴素红

（原载于《中国交通报》2015年1月16日　7版）

“限购”“涨价”风波中的舆情应对

近期舆情热点扫描

2014年12月，全国交通运输领域网络舆情总体热度高涨，呈上升趋势，同时，舆情态势较为平稳。亚航客机失事、深圳汽车“限购”、北京公交地铁调价、山东收费高速公路延期收费等话题都受到舆论持续关注和热议。其中，亚航客机失事引发“廉价航空”安全性争论，深圳汽车“限购”、北京公交地铁调价引发对政府采取措施缓解公共交通压力的关注，高速公路收费问题也被重点关注。

2014 年 12 月交通领域热点舆情事件

序号	热点舆情事件	媒体报道数	论坛博客帖文数	微博数	热度趋势
1	亚航客机失事	19012	769	1202	↑
2	深圳汽车“限购”	11442	2345	19469	↑
3	全国收费公路已连续亏损三年	10348	1997	7096	↑
4	北京公交地铁调价	8627	866	1392	↑
5	高速公路收费一年 3316 亿元	7372	1328	1947	↓
6	山东收费高速公司延期收费	5960	764	1	↓
7	单双号限行常态化	5190	1030	1969	↓
8	12306 禁行程冲突票	3689	348	906	↓
9	北京成都高铁开通	2699	1293	640	↓
10	青荣城际铁路开通运营	2860	189	55	↓

交通领域舆情大致呈现以下特点：

（1）航班失联，航空安全问题再次受到重点关注。

2014 年 12 月 28 日，亚航 QZ8501 航班突然失联，再次勾起了人们对 2014 年 3 月、7 月马航两起空难的回忆。对航空事故频发的疑问、质疑航空公司唯利益最大化，是网民较为关注的问题。

（2）交通类舆情政策性倾向明显。

深圳汽车“限购”北京公交地铁“涨价”单双号限行常态化等政策性话题被网民热议。改善公共交通，缓解压力，有关部门选择从“限购”、“涨价”等一系列措施开始，但是，大多网络舆论观点表示此举“治标不治本”。

（3）公路收费问题引关注，媒体网民纷纷对钱的去向发问。

山东宣布高速公路将推迟收费时限；交通运输部首次发布《2013年全国收费公路统计公报》……公路收费问题多次被推到舆论中心。

通过对热点舆情事件的分析观察可以发现，如何采取措施缓解公共交通压力问题，引起了较热的舆论关注。

北京公交地铁调价
官方积极引导

2014年年底，北京地铁告别“两元”时代。地铁票价调整是关系群众出行的“大事”，如事前不能充分听取民意，事中和事后应对不当，舆情热点极易演变为舆情“漩涡”。此次调价，北京市发改委、北京市交通委等政府部门提前公开听取社会意见、积极理性引导社会舆论，《中国交通报》等交通运输行业主流媒体积极发挥舆论引导作用，最终，社会舆论较为理性。

2014年3月，北京市发改委有关负责人就地铁调价作出解释。北京市发改委牵头协调，从7月3日开始对外公开征集调价意见，市民可以通过网络留言、邮寄信件、电话传真、微信留言四种方式建言献策，市发展改革委、市交通委官方网站分别开辟意见征集专栏。10月13日，官方发布票价调整听证方案，到10月28日就公交调价问题举行价格听证，整个过程中，无论是调价具体方案还是政府主动征求民意的做法都引来强烈关注。11月27日，北京市发改委正式发布北京公共交通价格调整最终方案，到12月28日“涨价”正式执行，政府也预留出足够的缓冲时间，让民众理解并接受调价的事实。

网民对此多以吐槽和调侃为主，认为涨价直接抬高中长通勤距离上班族的出行成本者居多。有网友不认同涨价，表示调价不能从根本上解决交通拥堵问题。有网友质疑价格上涨，但服务质量并没有同步提升，比如地铁防护栏一直没有普及，卧轨自杀事件等时有发生。

媒体报道角度多数集中在新规实施之后的变化及整体情况，也有媒体将注意力集中于如何在政策实施过程中起到较好的舆论引导作用。《中国交通报》就曾发文，报道北京地铁票价调整征询民意的种种措施，并指出，这是北京首次在价格方案形成之前公开听取社会意见。

北京市发改委相关负责人表示，此次公开听取社会意见是本市在制定价格政策工作中的一次新的尝试。市发改委、市交通委就居民出行习惯、票价政策评价、公共交通服务改进意见等方面的情况已经多次深入进行了前期调查研究。这种做法，能更多渠道、更大范围征集民意，使社会各方都参与到政策制定的过程中来，最终形成一个科学合理的改革方案。公共交通与纳税人生活息息相关，财政在公共交通方面加大或减少投入，纳税人都应该有发言权。有关部门应该要做好民意征集，提供足够多的信息供纳税人参考。只有提供详细透明的信息，充分考虑民众利益需求，有效听取民意并将之转换为科学决策，才能更好的构建政府公信力、塑造官方形象，政府的行政行为才能被民众接受，达到“上下契合”。

深圳汽车限购
“食言”引发声讨

2014年12月29日17时40分，深圳市政府突然举行新闻发布会，发布《深圳市人民政府关于实行小汽车增量调控管理的通告》，抛出“限购令”，同时公布“限外”方案。深圳是全国第8个实行限购的城市，也招致最多质疑。

同是“突袭”，其他城市尚为市民预留数个小时抢购，深圳却只有20分钟；其他城市并未封锁4S店，而深圳“限购令”突降后，多部门组成的执法队迅速封锁了部分4S店，禁止汽车交易。

消息刚公布便迅速引起热议，而招致舆论最大反弹的是此前深圳官方的多次表态。

2013年7月11日晚，深圳市交通委重申，按照2012年深圳市政府发布的《深圳市城市交通白皮书》，深圳在加强交通需求调控方面主要通过利用设施供应、经济杠杆、出行管理和宣传倡导等综合手段，引导车辆合理使用，并“没有限购计划”。在2014年12月20日举行的首届北上广深城市交通年会上，深圳市交通委主任黄敏明确表态，不会学习“北上广”。

在现有的舆论环境下，公权力食言，自然引发舆论风暴。有网友调侃道，“有钱任性”最终还是败给了“有权任性”。

一时间，媒体、网民的各种评论蜂拥而至。舆论质疑主要集中于官方出尔反尔，政策“突袭”存在的问题，以及限购政策本身的合理性。

也有网友表示理解。国家发改委副主任张晓强曾表示：“严重雾霾天气让我们意识到，如果不对包括钢铁、水泥、冶金、化工这些低质量、低环保质量的扩张进行限制，继续‘摊大饼’式地卖轿车，群众将生活在PM2.5、有毒气体等极不健康的环境中。在中国成为世界第一汽车大国之后，城市的交通拥堵问题愈演愈烈，在不断涌入的外来人口和日趋紧张的用地面前，开源陷入困境，城市管理者最终祭出了汽车限购政策。”

认为“限购”有一定积极作用的网友也表示，“限购”能防止汽车增长过快带来的交通压力。

多家门户网站财经频道都将其作为头条，纸媒也迅速跟上，尤其是最早实行“限购”政策的北京的媒体。《北京青年报》评论称“‘突袭’限购事小，政府失信事大”；《新京报》刊发了题为《依法治国了，为何还有汽车限牌“突袭”》的评论。对于此次深圳“限购”，北京媒体反应迅速，评论主题直指要害，颇有声援市民之感。

自此，“北上广深”均施行汽车“限购”。单从舆情应对而言，应对不当对政府公信力的影响不容小觑。不难发现，几乎所有实施“限购”的城市，都经历了传言满天飞、官方一再否定传言、传言最终被证实的循环。地方政府冒着公信力丧失的危险“限购”也许有不得已的苦衷，但“食言”对民众的心理造成的冲击不容忽视。

◆作者：人民网舆情监测室 ◆执笔：谭丝妲

（原载于《中国交通报》2015 年 2 月 6 日 8 版）

2014 年，哪些交通微博被点赞

日前，由人民日报社、新浪网、新浪微博联合举办的“新形势、新常态、新思维”2015 移动政务峰会在北京举行，会上，人民日报社发布了《2014 年政务指数报告》，对国内十多万家党政机构网络政务实际绩效和影响力进行综合评价。大会共颁发了包括全国十大政府机构微博、全国十大交通机构微博、全国十大公务人员微博等在内的 19 类政务微博奖项。

全国十大交通机构微博

排行	昵称	认证信息	总粉丝数	2014 发博数	传播力	服务力	互动力	总分
1	北京地铁	北京地铁公司官方微博	1811624	6334	87.93	100.00	72.20	84.05
2	上海地铁 shmetro	上海申通地铁集团运营管理部官方微博	5693456	8280	91.02	81.48	71.23	81.20
3	交通北京	北京市交通委员会官方微博	2947488	14956	90.39	69.72	67.76	77.21
4	广州地铁	广州地铁官方微博	576585	7759	84.20	83.99	65.16	76.54
5	南京地铁	南京地铁集团有限公司官方微博	268199	5152	80.02	94.38	63.44	76.26

续上表

排行	昵称	认证信息	总粉丝数	2014 发博数	传播力	服务力	互动力	总分
6	京港地铁	京港地铁公司官方微博	723709	9469	79.97	89.01	64.26	75.49
7	南昌铁路	南昌铁路局官方微博	3453427	10510	82.12	76.69	60.10	72.23
8	西南铁路	成都铁路局官方微博	681742	5523	77.55	89.43	57.55	71.93
9	中国铁路	中国铁路总公司官方微博	1491836	3962	85.24	47.00	64.03	69.11
10	长沙地铁	长沙地铁官方微博	181401	1901	73.48	76.05	61.17	69.07

获奖的其他交通机构微博

北京地铁、上海地铁入选“全国二十大政务机构微博”。

北京地铁、上海地铁 shmetro、交通北京、广州地铁、南京地铁、京港地铁、南昌铁路、西南铁路、中国铁路、长沙地铁、重庆轨道交通等入选“2014 年度政务机构微博百强榜”

西铁资讯（西安铁路局）入选“全国十佳创新应用微博”

铁道政言（国家铁路局官方微博）入选“全国十大影响力飞跃微博”

@交通北京

3 年 300 万粉丝 4 万条微博

北京市交通委官方微博 @交通北京，荣获“2014 年度全国十大交通机构微博奖”。

@交通北京自2011年11月份上线运行以来，始终保持着健康良性发展，粉丝量、微博量逐年递增，截至2015年1月底，@交通北京粉丝数量突破300万个，发布微博总数突破4万条。其设置的“微关注”、“交通服务”、“交通新闻”等话题栏目受到网友好评。此外，@交通北京为纪念微博开通三周年推出的视频动画《交通英雄》，在优酷上也获得了较高的点播率。

有了舆论的肯定和网友的支持，@交通北京表示，2015年将积极适应互联网新常态，着力通过“微访谈”、“微活动”、“微直播”等形式加强与粉丝的交流互动，进一步提升社会影响力。

@西南铁路
网友丢水杯也耐心回复帮忙查找

成都铁路局官方微博@西南铁路，排名“全国十大交通机构微博”第八位，并入选“2014年度政务机构微博百强榜”。

@西南铁路自2011年上线运行以来，共发布微博22万余条，日均发布20条，粉丝量达67万个，其设置的“成铁微发布”、“成铁微新闻”、“出门看天气”、“温馨提示”等模块都深受网友喜爱。

@西南铁路很注重网友诉求，就连网友丢水杯这种小事也耐心回复帮忙查找。网友“@行走在江湖的小不点”称：“之前掉在动车上的杯子还能找回来吗？”这条微博很快得到了@西南铁路的回复：“@行走在江湖的小不点：您好！请提供乘车时间、车厢号、座位号等详细情况，工作人员将尽力为您查找。”

他们对乘客无微不至的照顾也赢得了网友的点赞，网友“@修着托马斯想的大灰机”发微博称：“亲眼目堵2015年1月31日D353次上海虹桥开往成都的动车，对有困难单独乘车小男孩特殊照顾，送上爱心便当，感动随处可见，真是高大上的服务，点赞。”

@西南铁路还借助双微平台开展粉丝互动活动，2014年联合新浪网、腾讯网定期举办春运微访谈达40次，日常重点微访谈12次，开设“西南铁路微博行”、“身边成铁人”、“成铁一线”等特色话题20多个，开展成绵乐客专、贵广铁路等重要节点和重大活动微直播15次，招募网友实地体验8次，微电影《外婆的火车》《新线开通前夜》等受到网友热捧，赢得社会广泛赞誉。

@中国铁路

整合“铁路微博集团军”

中国铁路总公司官方微博@中国铁路，获得“全国十大交通机构微博”第九名。

作为交通领域首家省部级微博，自2012年正式亮相以来，@中国铁路一直非常活跃，收获了较高的关注度，目前粉丝量已近150万个，累计发微博数1.8万余条，开设“铁路微博群”专属页面，集中展示“铁路微博集团军”。特别是2014年春运期间，@中国铁路联合全国18家铁路局及26家火车站站段官方微博推出的2014铁路春运微博服务大厅，受到舆论追捧。

此外，@中国铁路还精心组织了一系列微活动，如“沪昆高铁·快意江湖”、“网友走巴山”、“我与铁路春运的温馨故事”等，开展了“聚焦加快铁路建设”、“动车禁烟”、“畅通客货服务最后一公里”等主题宣传活动，形成了集中的宣传声势，赢得了舆论赞誉。

近期，@中国铁路在移动互联网平台上再掀热浪。1月29日，由@中国铁路小编制作的“一图解读中国铁路总公司工作会议主要精神”和手机网页“小编带你走进中国铁路总公司工作会议”，在“中国铁路”微博、微信、客户端等公众号一经发布，立即引爆微信朋友圈，不仅个人转发量高，还有多家传统媒体、网络媒体的微博微信跟进转发，网友“@goodgoodyeah”评论：“图解十分清晰！”

@西铁资讯
运用图解微视频线上线下相结合

西安铁路局官方微博@西铁资讯，因富有想象力和创造力，获“全国十佳创新应用微博”称号。

@西铁资讯整合全局所有机构站段微博，打造出一个塔式微博体系，实现了铁路信息集群联播，便于网民获得全方位的资讯服务，目前拥有粉丝量约117万个，累计发布微博约2.4万条。

@西铁资讯也在新媒体宣传形式创新方面狠下功夫，大量运用新闻图解、微视频等网络流行表达方式开展宣传，积极策划线上线下相结合的主题活动。其开展的“欢乐黄金周西铁伴您行——黄金周出行手绘地图伴您畅游三秦”、“秦晋之好·大西相牵”等特色活动，在线上线下都获得了成功，既把便民服务措施广而告之，又展示了中西部旅游资源和铁路建设成果，促进了铁路机构与乘客及网友的互动交流。

此外，2014年被舆论点赞的铁路微博还有@铁道政言、@太原铁路等。

@铁道政言是国家铁路局的官方微博，目前粉丝已经超过百万个，逐渐成为交通运输系统中影响力较强的政务微博之一，获得“全国十大影响力飞跃微博”称号。

@太原铁路以其影响力摘得2014年山西政务微博影响力排行“金牌”。

借用中国网时评文章《从全国十大政务机构微博评选看中国铁路前景》中的一句话对交通微博2014年的表现作结：有了好的开端，相信中国铁路政务微博前方的路会走得更长远，会将服务的福音种子撒遍祖国大地。

◆作者：人民网舆情监测室 ◆执笔：吴素红

（原载于《中国交通报》2015年3月6日 7版）

“专车”波澜中的舆情应对

近期舆情热点扫描

1月和2月，交通运输舆情多发，媒体关注度有所上升。马航 MH370 航班失联真相、“专车”波澜引发多地出租车罢运等颇具影响力的热点舆情备受关注。

2015 年 1 月 ~ 2 月交通运输领域热点舆情事件

序号	热点舆情事件	媒体报到指数	论坛博客帖文数	微博数	热度趋势
1	马航 MH370 航班确认失事	11095	972	6088	↑
2	出租车燃油附加费取消	8782	1258	2364	↓
3	全国发生多起出租车黑运事件	5475	1395	9962	↓
4	“专车”属非法运营	7509	523	1240	↑
5	山东高速成“收费公路王”	6753	1719	1333	↓
6	亚航失事客机已寻获	6217	177	216	↓
7	南京打砸出租车	1301	515	4278	↓
8	2015 年高速公路免费通行时间稳定	1833	199	175	↑

续上表

序号	热点舆情事件	媒体报到指数	论坛博客帖文数	微博数	热度趋势
9	海口马拉松9小时交通管制引争议	1444	133	165	↓
10	交通执法部门专项整治“黑停车场”	1406	222	169	↓
11	台湾复兴航空客机坠河	19494	1734	14987	↓
12	巡视组：中国海运有领导吃里扒外损公肥私	4636	1839	939	↓
13	春节返程高峰 部分高速公路仍封闭	3441	352	889	↓
14	公安部交通管理局公布10大高速危险段	2919	342	1734	↑
15	高铁动车免费水生产商6年净利润涨近40倍	2325	380	434	↓
16	网曝河北霸州出现地摊出售国际邮政小包	1944	624	1131	↑
17	湖北为避免开山毁林修水上公路	944	366	2213	↓
18	北京交管局原局长宋建国涉嫌受贿被公诉	879	104	909	↓
19	深圳正式对外地车实施限行 违者罚款300元记3分	1570	207	355	↓
20	高速公路腐败案单笔受贿1亿被判死刑	1150	186	114	↓

（1）马航MH370航班失联真相再度引发民众关注。

马航MH370航班在失联328天后被确认失事，机上乘客和机组人员全部遇难。在航班失联期间，大家一直在等待着奇迹的发生，最终等来的却仍是噩耗。不少网民都表示，马方对此事件的合理解释令人期盼，公布航班失事真相更是马方应尽的职责。

（2）“专车”波澜诱发罢运事件。

最近，出租车行业再起波澜，“专车”兴起、“黑车”泛滥，引发全国多地出租车罢运。这次罢运风波引起了较大的舆论反响，媒体和网民纷纷对出租车行业的垄断行为提出了质疑。舆论认为，出租车行业改革势在必行。

舆论热点“专车”=“黑车”？

2015年伊始，出租车行业波澜不断。沈阳、南京、济南、成都等地多次出现出租车罢运事件，有关出租车“份子钱”和“专车”的争议愈演愈烈，逐渐被舆论所重点关注，出租车牌照垄断、出租车公司坐收“份子钱”再次被推到风口浪尖之上。

虽然出租车驾驶员罢运事件此前也时有发生，但此次罢运又衍生出了新问题。从出租车驾驶员以及网民的反应中不难看出，引发出租车驾驶员气愤和不满的原因并不简单——“的哥”们不仅依然受困于老生常谈的“份子钱”，还受到来自“专车”软件、“黑车”等方面的多重打击。

新兴事物的发展总是伴随争议。从去年开始，各类“专车”软件层出不穷，“滴滴一下”、“叫辆专车”成为时下流行的打车方式。由此，关于“‘专车’就是变相‘黑车’”的质疑声也越来越多。

目前，全国有多个城市的交通执法部门叫停了滴滴、快的、易到用车等打车软件中的“专车”服务，并把“专车”

定义为“黑车”，引发舆论关注，并呈现出几乎一边倒地反对管理部门叫停“专车”服务的态势。

《新京报》的“京报调查”结果显示，有近三成受访者认可将“专车”划入“黑车”范畴，也有近半数受访者认为应当将“专车”服务合法化，并将其纳入监管市场。

《南方都市报》观点认为，“专车”这一经营模式不仅修正了原来信息不对称的局面，同时也把租车服务置于完全公开竞争的市场之中，通过“专车”服务公司的竞争提高服务质量，最大化消费者利益。遗憾的是，许多城市的交通监管机构还是叫停了“专车”服务。

主流媒体呼吁改革

那么，风靡当下的“专车”服务究竟动了谁的奶酪？目前，舆论的主流声音是：“专车”服务的出现打破了出租车市场原有的平衡，直接影响了出租车公司和驾驶员的利益，因此必然会受到抵制。查处“黑车”无可厚非，但单方面遏制满足消费需求的创新模式这一管理思路，的确需要反思。

1月6日，《人民日报》刊发文章，认为要冲破出租车行业垄断的利益藩篱，并强烈呼吁“是取消出租车公司暴利模式的时候了”。同日，新华社也发表评论，呼吁“用改革击碎既得利益群体的垄断”。12日，《人民日报》再次发表评论称“应对创新的脚步，治理不能原地踏步”。

两大主流媒体在出租车行业改革的问题上多次强烈表态，如此情况在此前并不多见。之所以会如此，一方面是因为落后的出租车专营制度不断诱发、激化新矛盾，出租车改革迫在眉睫；另一方面，近年来出租车罢运事件屡次出现，而对出租车专营体制却没有丝毫破除之意。面对出租车行业改革停滞不前的现状，舆论也失去了些许耐心。

主管部门引导舆论走向客观理性

不可否认，“专车”的出现进一步破解了广大民众“出行难”的困局，从而迅速被市场所接受，却也为行业监管带来了新的难题，但这并不足以成为“扼杀”它的理由。当“专车”这样的市场创新引领变革潮流之时，监管者更应该主动适应并跟上创新的步伐。

对于被舆论聚焦的“专车”，交通运输部的基本态度是，坚持“以人为本、鼓励创新、趋利避害、规范管理”的原则，鼓励移动互联网与运输行业的融合创新，但要遵循市场规则，错位经营服务，维护公平竞争的市场秩序，在法制化轨道上健康有序发展。目前,交通运输部正在开展深入研究,将适时出台促进“专车”服务规范发展的指导意见,通过多种方式引导市场公平竞争与规范服务,杜绝侵害乘客利益和影响市场公平竞争秩序的非法营运,为人民群众提供更满意的出行服务。

舆论认为,对“专车”服务进行实质性的政策松绑,给市场创新以法律和制度的有力保障,此刻显得尤为重要。1 月 25 日,北京市交通委主任周正宇表示,通过网络平台预约出租车、“专车”等肯定是行业未来的发展趋势,作为新业态,交通运输部门会积极促进其发展。

在南京市发生多起出租车罢运和打砸出租车的事件之后,南京市交通运输局官方微博 @ 南京交通发布发博称,南京市交通、物价等部门近期已开展调研,正在研究出租车租赁承包费、全天候双计费、加收长途返空费等问题,并将适时启动相关法定程序。这引来众多网友评论。南京林业大学社会学系主任孟祥远认为,其实不涨价也能解决问题,就看要不要站在人民的立场,打破利益集团的阻挠。

目前,传统的出租车管理和部分地方政府所执行的“‘专车’备案制”,其实还是在走行政审批制的老路。全国政协委员施杰直接呼吁,“专车”管理应该放开特许经营,采用备案制或者登记制，将权力交给市场，只要符合标准的公司、车辆、驾驶员，向相关部门报备，即可进行营运。

◆作者：人民网舆情监测室　◆执笔：谭丝妲

（原载于《中国交通报》2015 年 3 月 13 日　7 版）

微博助力平安春运

2015年春运，交通运输部门的服务意识不断提升，服务内涵不断丰富，积极打造“人文春运”、“网络春运”、“温馨春运”，其中，交通运输机构的官方微博也为“畅通”春运作出了自己的贡献。

2015年春运已落下帷幕，网友们有满意与赞许，也肯定有不满与遗憾，但无论如何，交通运输部门的努力和改进是有目共睹的，正如铁路部门所承诺的那样：不论旅客在“囧途”还是“坦途”，自始至终都应让旅客感受到安全、方便和温馨，真正打造一个春运新常态。

首都机场线上线下年味浓浓

春运期间，首都机场依托新媒体平台，通过线上、线下活动，共同为旅客打造惊喜不断的出行之旅。

从2月4日春运第一天开始，首都机场三座航站楼便焕然一新，无论是景观布置、柜台装饰，还是精彩纷呈的各类活动，都让旅客在踏入首都机场的一刻，便感受到迎面而来的浓浓“年味”。

此外，@首都机场官方微博还在2月13日至26日展开“家，永远的方向”微博主题分享有奖活动，只要旅客上传与首都机场的“亲密合照”以及对家人的新年寄语，就有机会赢得首都机场送出的新春大礼。该活动为旅客营造出温暖回家的节日氛围，获得了网友的积极关注和热情参与。网友“@电脑用户2012”评论称：“这个创意好温馨！”网友“@提拉米苏_525”回帖：“给首都机场点赞！”活动视频在优酷视频上传后，被点播数千次。

2月16日，首都机场官方微信还举办了“新春第一份礼物”扫二维码赢奖品活动，旅客只要动动手指，就可领取“首都机场&穷游出行礼包”。

郑州交运“爱心水饺”乘客叫好

早在2011年3月，郑州交运就正式启用了微博，至今已发博8000余条，活跃粉丝达5000余人。2015年春运期间，

@郑州交运日均发微博十余篇，开设了“图说春运”、“情满交运”、“春运动态”、“春运明星”、“春运故事”等特色栏目，及时发布客运总站及东西各站节日期间班次调整消息，倡导“文明出行平安回家”。

“春节近了，归乡的脚步急了。今天是大年二十七了，亲，您回家了吗？是在家乡亲人的身边？还是在回家的路上？或是在做回家的准备？郑州交运给您道一声‘一年了，辛苦了！愿您和家人平安健康！’”这样温馨的语言从郑州交运官方微博中发出，温暖了旅客的心，缓解了游子的乡愁。2月17日，“图说春运”栏目刊发了“一碗爱心饺一片思乡情”的图片微博，展示了郑州客运东站在大年二十九这天，将职工们自己拌馅和面纯手工打造的水饺热腾腾地递到乘客手中的画面，赢得了乘客们的叫好声。网友“@毛二王”回帖称：看着就觉得温暖！大年三十的郑州北站同样上演了这一幕温馨的画面，一位女士手捧热腾腾的水饺感叹说：“我刚由重庆赶回，还要赶回新乡，没想到会在北站吃上团圆的水饺，这是真正的家乡味道，心里真觉得温暖！”

交运集团（青岛）“七心服务”情满旅途

2015年春节期间，交运集团（青岛）利用微博及时发布信息，与旅客沟通，为旅客提供优质服务，以舒心、省心、暖心、安心、顺心、放心、贴心的“七心”服务让旅客平安回家，获得旅客好评。

值得一提的是，交运集团在青岛汽车总站和区市各汽车站建立了青岛市首家实体和网络集成运作的失物招领中心，线下安排专人对旅客遗失物品进行收集和分类，并妥善保管，线上及时通过集团网站、微博、微信等渠道发布招领信息。到目前为止，已收到失物1000余件，其中超过半数找到了失主。春运期间，为乘客提供的免费上门接驳的“接驳到站、接站到家”的零距换乘无缝接驳服务，也让旅客们纷纷点赞。

@交运集团温馨巴士有限公司从最初的发布线路信息，到如今与其他微博互动，积极转发热门微博，举办与春运有关的特色活动等，深受粉丝关注、至今已发布微博1400余条。

铁路部门微博主打“温馨春运”

2014年春运期间，@中国铁路开设铁路春运微博服务大厅，@沈阳铁路发布春运沙画宣传片，@武汉铁路局举办春运微直播活动；2015年，铁路部门的网络服务则主打“温情牌”，更接地气了。

2月14日，@中国铁路调动各铁路局（公司）甚至各车务段的微博平台进行联动，在线上推出“爱行天下·温暖分享”新媒体公益活动，邀请旅客分享旅途中的有爱瞬间，倡议平安出行、温馨出行。

@广元火车站是成都铁路局广元车务段官方微博。春运期间，广元车务段巧用官方微博，设置了“广元火车站春运微博行”栏目，及时发布车票预售期、团体票办票程序以及列车开行等重要信息，开展“失物招领”活动，解答网友的各种问题，受到微博粉丝们的积极点赞。来自广元市朝天区的旅客张松青说：“广元车务段微博传递着对旅客的关爱，让我们的旅途不再单调，期待有更多这样的微博。”

@太铁大同车务段在2015春运期间也充分利用官方微博、微信公众号等新媒体平台，公布青年志愿服务、购票乘车服务等项目，对老弱病残孕、超过10名以上学生群体等重点旅客实施“提前预约一对一”服务，即通过官方微博、微信平台互动，让旅客掌握服务内容，组建青年突击队，开辟绿色通道，帮助重点旅客安全快速进站上车。大同车务段微博平台春运期间共发布服务信息700余条，微信解答网友咨询提问1200余人次，为重点旅客提供预约服务110余人，受到网友好评。

还有，西安铁路局2015年春运微电影“一路相伴，一路阳光”，@南宁铁路制作的有爱大片“春运路上，我们一直陪伴你”等，都以唯美、写实的画面表达出铁路部门的服务心声：您经过的每一段路都有我们的汗水，我们所有努力，只为一个目标，让您带着爱平安回家。

◆作者：人民网舆情监测室　◆执笔：吴素红

（原载于《中国交通报》2015 年 3 月 27 日　7 版）

3月交通舆情多
实际行动+及时沟通=理解

“羊春”三月，全国“两会”召开，交通运输话题引起舆论广泛关注，相关部门和单位通过实际行动和及时沟通释放暖意，赢得舆论理解。

2015年3月交通领域热点舆情事件

序号	热点舆情事件	媒体报道	论坛博文	微博	热度趋势
1	德国空客320飞机在法国南部坠毁	6630	3081	6742	↑
2	12306官网新验证码上线	3620	543	1056	—
3	深圳机场女司机驾车失控撞向人群致9死	3400	1132	9292	↓
4	北京医疗急救条例草案：拒让救护车最高拘10天	886	146	390	↑
5	甘肃某县交通局副局长上班看黄片引关注	1640	365	1231	↓
6	男子发“毒品”照讽刺铁路安检被举报	708	240	144	↑
7	河南安阳一大巴深夜坠百米深崖 致20死13伤	683	162	313	↓
8	火车票背面换新版本《乘客须知》	672	147	1760	↑
9	交通运输部部长“家人三年没摇上号”引舆论热议	447	466	674	—
10	四川一交通局副局长称女下属“老婆”送豪表被停职	142	1320	615	—

铁路方面，火车票更换新版《乘客须知》，细致入微的“服务说明”，赢得网友一致好评。民航方面，德国之翼客机失事引发全球民航规定变化，我国民航及时响应，获公众肯定。邮政方面，北京市邮政公司及时回应“地摊出售未开封国际邮件”事件，消除舆论质疑。本月更有网民关心的“全世界最美地铁”话题，“地铁站内能不能拍照”一时间争议四起。

《乘车须知》更新 引导前置
火车票背面满满都是爱

近日，火车票《乘车须知》更新，引发网友极高关注。与旧版《铁路旅客乘车须知》相比，新版由之前的5条增加到6条，信息量增大，免费携带行李的条款等更加细致明确。比如，增加“铁路部门可能调整列车运行时刻，对已经购票的旅客将免费提供改签、退票服务”，去掉“如有疑问，请拨打12306客服电话垂询”的表述。

新版《乘车须知》条款细致入微，体现出以人为本的服务意识，也在一定程度上体现出对舆论的前置引导。有舆论指出：“每次火车票的升级改版都印证了铁路的发展，新版须知体现了铁路在改革过程中，对新规定的执行更加注重细节、注意保护旅客的权益，折射出铁路的服务新常态。”网友“@芒果飞天”称：“火车票背面满满都是爱。”网友“@南岸青衫”表示：“免费的改签、退票服务，更详细的乘车须知，对民众的出行而言更具指导性，这次调整肯定很得民心”。

地摊卖国际邮件
及时调查回应消除质疑

3月初，针对“河北霸州某地摊出售未开封国际邮件”一事，邮政系统展现出对舆情的迅速反应能力。北京市邮政管理局立即与当地邮政部门取得联系，并派出工作人员赴当地进行调查。

3月2日，北京市邮政公司回应称，现已确认被售卖邮件为境外邮政未开封邮政国际小包退件，系综合服务商燕文公司从北京市邮政公司取回退件运输途中发生遗失，目前已敦促燕文公司就此事公开道歉，深刻吸取教训。

针对此事，邮政部门还通过开设专门咨询服务及举报热线，化被动为主动，在较短时间内化解负面事件带来不利影响，有效遏制了舆论的升级扩大，有力维护了部门形象，值得肯定。网友纷纷表示，邮政负责任的态度值得称赞。网友“@孙一翔 -neal”称：“这次媒体真是冤枉邮政了。”

网友“@小萝兔zi”更是力挺中国邮政：“现在想想他们对客户还挺负责的，被黑得那么惨还一直积极调查，邮政加油。”

德国之翼客机失事引发全球民航规定变化 我国民航快速反应引好评

3月24日，德国之翼航空公司一架空客A320客机在法国南部阿尔卑斯山区坠毁，机上150人全部遇难。随着失事客机被曝副驾驶单独驾机并把机长锁在驾驶舱外，全球多家航空公司3月26日紧急推出“驾驶舱内必须时刻保证不少于两人”的新规定。

中国民航局也于3月26日下发该紧急规定，并严格检查各航空公司的执行情况。据民航发言人介绍，我国民航早已有此规定，各航空公司已将该规定纳入《运行手册》，中国民航局也已将此纳入日常安全监管范围之内。此次民航快速反应引发网友好评。网友“@幸福的慧眼看世界”称：“民航局行动真快！赞一个。”

深圳机场交通事故 官方虽有回应却欠缺说服力

3月1日15时32分，一辆奔驰轿车在深圳宝安机场离港平台失控撞向护栏，造成9人死亡、23人受伤，女司机也在救人时坠桥，最终伤重不治身亡。“奔驰车”、“90后女司机”、“重大伤亡”等关键词让这起交通事故迅速成为舆情焦点。

该事故发生在航站楼离港平台高架桥往出发大厅的转弯路段，这无疑是机动车的行驶区域。因此，有媒体质疑，为何在高架桥上，会出现看飞机的观光人群？

对此，荆楚网评论称，此次事故恰恰反映出安保、安检、空中保卫等安全工作外的薄弱环节，提醒有关方面应把交通枢纽的安全之义做到最大。也有网友建议机场设立专门的观景台。央视国际网站评论，相关执法、管理部门同样难辞其咎。法制日报也认为，行人和女司机交通文明意识薄弱、陋习太多、警示标志不足、驾考流于形式以及管理不善的相关部门，可能都是车祸发生的直接和间接推动力。深圳市人大代表杨勤认为，此次事件暴露了领航高架设计和管理的问题，也暴露了观光者的素质与缺乏安全意识。

据深圳机场相关负责人透露，由于事件属于交通事故，所以一切交由交警部门处理，所有相关信息都是市、区相关部门统一发布，机场方面没有可以发布的信息。此外，有机场安保人员透露，机场从开航时就设有围栏阻止人们上桥去看飞机，但客观来看，深圳机场方面仅靠人工巡逻来驱离人群，却收效甚微。事故发生后，深圳机场已在事故地点加装了一段近2米高的金属护栏。

从深圳机场官微的发布的信息来看，面对此次舆情危机，机场仅简单通报了事故的进展，不但没有公布事故原因，反而打起了“省市领导要求：全力救治受伤群众，切实做好善后工作”的官腔，霎时间激起了民愤。网友“@秋裤当家”表示，讣告变成了表彰和歌功颂德，空话套话一大堆。由此不难看出，深圳机场在对该事故的信息发布方面不仅未能占据主动，而且相关人员的说法更是欠缺说服力。

地铁站内能否拍照引热议
地铁公司理性解释不可“任性”

近日，微博、微信热传“全世界最美的地铁，居然在中国”，引起网友疯狂转发。网友纷纷关注武汉地铁4号线的“樱花地铁”，大片粉色樱花肆意“开放”在地铁车厢，与4号线的“芳草绿”交相辉映，散发出浪漫、梦幻的气息。身处其中，仿佛置身于樱花花海之中。

早在2014年，杭州地铁1号线就推出主题场景，将桃花源、魔幻游乐场、热气球之旅、欧洲城堡和澳洲茶树园5

个主题分布在6节车厢中。每节车厢都被贴满3D贴画以营造出逼真的动画场景，不少网友大呼过瘾。网友“@膜术师第一弹”说：“真的很美，我们正在推广这种技术。”网友“@桀道建筑设计”则直言：“坐上这样的地铁，仿佛也是一次梦幻旅行。”

地铁逐渐成为城市的一张名片，不少乘客在乘车时掏出手机记录身边的美好瞬间。但是，3月以来，“地铁站内能否拍照”这一话题却在网上引发热议。其实，这一争议由来已久。近年来，在北京、上海等地的地铁站内，乘客因拍照而受到工作人员劝阻的事件时有发生。对于地铁站内究竟该不该禁止拍照，全国多市地铁公司的态度大都为“不可‘任性’”。

北京地铁给予的官方回应称：目前，地铁站内禁止拍照虽无明文规定，但考虑到地铁具有人防功能需要保密，且拍照时闪光灯可能影响司机驾驶，扰乱乘车秩序，甚至可能侵犯公民肖像权等因素，地铁站内一直不允许拍照。

南京地铁回应称，虽然目前地铁站内没有设置“禁止拍照”标志，但原则上是不允许在乘客地铁站内拍照的。不过，南京地铁发言人也坦言：“乘客在不损坏地铁设施、不影响他人通行的情况下，且征得南京地铁运营公司允许的前提下，在地铁站内拍照留念是允许的。”

而上海轨道交通运营方则表示，轨交车站是公共区域，没有相关法规禁止乘客拍照，也不能刻意禁止。同时，上海轨交运营方也提醒乘客，这里毕竟是个比较特殊的公共区域，运行安全是第一位的，因此提醒乘客，拍照留念以不影响站内、车内秩序为原则，不能用闪光灯对着行驶而来的列车拍照，这会影响列车司机瞭望，非常危险，也不能对着站内工作人员拍照影响其工作。

广州的做法和上海有些类似。去年年底，广州地铁在答复媒体询问时表示，在不涉及商业性质的情况下，市民基本可以随意拍照，但“任何单位和个人需在地铁范围内拍摄电影、电视剧或广告等经营性内容的，须事先经本公司同意，在地铁站务人员的安排下进行相关活动，否则地铁站务人员有权予以制止”。

◆作者：人民网舆情监测室　◆执笔：刘鹏飞　廖灿亮

（原载于《中国交通报》2015 年 4 月 3 日　7 版）